年齢別 子どもと作れるアイディア45点　使える! アレンジ43点

かわいい壁面12か月

はじめに

「かわいい壁面が作りたい！」「こいのぼりやカタツムリなど、毎月作りたいものは決まっているのだけれど、どんなふうに作ろう？」「子どもが作れるアイディアがほしい！」という、現場の先生方の声におこたえしてできたのが本書です。

かわいい季節の壁面と誕生表、合わせて61点のボリュームに、**「作り方のポイント」**や**「使える！ アレンジ」**、**「年齢別　子どもと作れるアイディア」**など、たくさんの内容を盛り込みました。

本書が少しでも、現場の先生方の明るく、楽しく、かわいい壁面作りのお役に立てればと思います。

編集部一同

本書の特長

保育現場のニーズにこたえた、現場で使いやすい壁面のアイディアが満載の本です！

1
年齢別 子どもと作れるアイディア
と
使える！アレンジ
がいっぱい！

2
保育者の「作りたい」
＊定番アイテム＊と
「何で、どのように作るのか」
がわかる
・作り方バリエ・で
作りたいものが
見つけやすい！

3
季節の壁面
＋
誕生表
全61点の
大ボリューム！

4
壁面製作の
裏ワザ
も紹介！

本書の見方

保育者が使いやすいように、下記のような見せ方をしています。壁面の例をそのまま生かすのもよし！　アレンジやアイディアを取り入れて作るのもよし！　各コーナーを参考にすてきな壁面製作に生かしてください。

素材

色画用紙やモールなど、掲載の壁面を作るのに必要な製作素材を示しています。

使える！アレンジ

ちょっとしたアレンジを紹介しています。保育者が作ってもOK、子どもといっしょに作ってもOKのかんたんなものがいっぱいです。
いわば**応用の作り方、その1！**

年齢別 子どもと作れるアイディア

子どもが作れるアイディアを年齢別に紹介しています。目安として参考にしてください。
いわば**応用の作り方、その2！**

作り方のポイント

掲載の壁面の作り方のポイントとなるところを紹介しています。
いわば**基本の作り方！**

ここに注目!!
この3種類の囲み記事の中の2つのマーク!!

「何を」「何で、どのように」作るのかがわかります!!

＊○○○○＊
＊マークには「何を」作るのか、壁面製作の**定番アイテム**を紹介しています！

・○○○○・
・マークには「何で、どのように」作るのかの、**作り方バリエ**を紹介しています！

定番アイテム70種!!

作り方バリエ173種!!

もくじ

もくじ

4月

しんき

サクラの汽車で出発進行!

満開のサクラの中を汽車に乗った動物さんたちが進級をお祝いします。汽車の煙もサクラでできていてお花いっぱいの壁面に子どもたちも大喜びですね。

型紙▶86ページ　　製作/うえはらかすよ

素材

- 色画用紙
- クレープ紙
- ひも
- フラワーペーパー
- キラキラモール
- リボン

作り方のポイント

＊サクラ＊　・フラワーペーパーで・

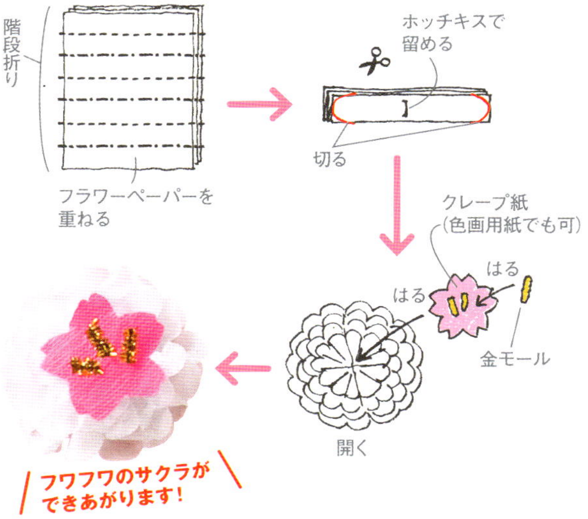
階段折り
フラワーペーパーを
重ねる
ホッチキスで
留める
切る
クレープ紙
(色画用紙でも可)
はる
はる
金モール
開く
フワフワのサクラが
できあがります!

＊汽車・線路＊　・リボンでつないで・

リボンでつなぐ
ひもを線路に見たてる
壁面のスペースに合わせて
どんどんつないでいけます。

ゆう おめでとう

使える！アレンジ

＊サクラ＊ ・たんぽで・

絵の具
絵の具
カラー模造紙
たんぽ

子どもたちが大きな紙にたんぽで、ピンク色や濃いピンク色をスタンプしてサクラの木を作っていきます。

4月

チューリップからこんにちは

色とりどりのチューリップから、動物さんたちがぴょっこり顔を出しています。クレープ紙を使うことで立体感のあるチューリップが作れます。

型紙▶87ページ

製作／みさきゆい

素材
- 色画用紙
- クレープ紙

作り方のポイント

＊チューリップ＊　・クレープ紙で・

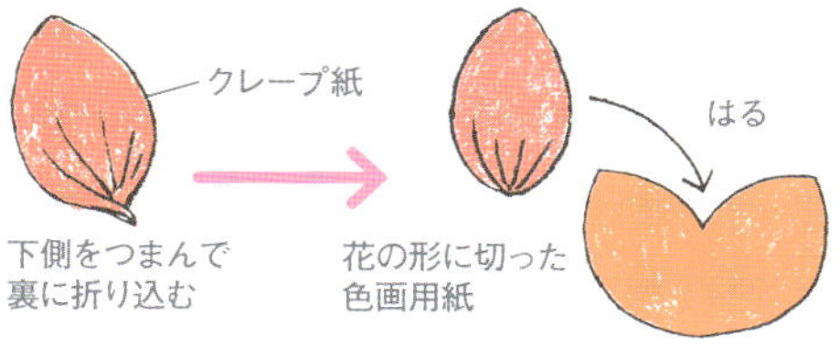
クレープ紙
下側をつまんで裏に折り込む
花の形に切った色画用紙
はる

使える！アレンジ

＊チューリップ＊

・折り紙で・

折り紙をチューリップの形に切り、階段折りをする

階段折りの間隔を狭めたり広げたりすることで、いろいろなチューリップが作れます。

4月

にっこり！入園おめでとう

4月らしいお花いっぱいの壁面に、ニコニコ動物さんたちのお出迎え！　楽しい雰囲気の壁面で、登園も楽しくなっちゃいそうですね。

型紙▶87ページ

製作／藤沢しのぶ

素材

- 色画用紙
- 布
- 不織布
- 毛糸
- モール

作り方のポイント

＊チューリップ＊
・布を重ねて・

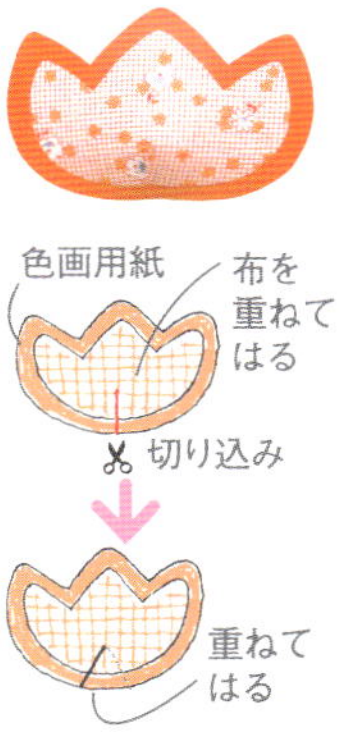
色画用紙
布を重ねてはる
切り込み
重ねてはる

＊花＊
・不織布＋毛糸で・

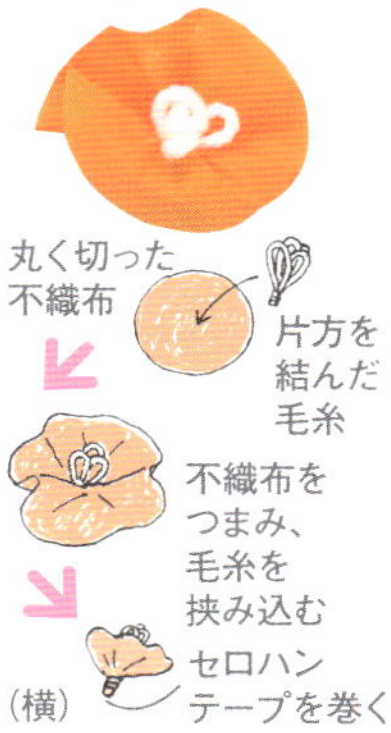
丸く切った不織布
片方を結んだ毛糸
不織布をつまみ、毛糸を挟み込む
（横）
セロハンテープを巻く

使える！アレンジ

＊花＊

・色画用紙を重ねて・

丸い形の色画用紙を、自由に重ねてはる

・不織布を巻いて・

ふたつ折りにした細長い不織布を、ストローに巻き付ける

にゅうえんおめでとう

4月

お花が咲いたよ、うれしいな

たくさんの花は一気に保育室を明るくしてくれます。下のプランターは花が開くしかけで子どもはくぎづけ！　また、園にある遊具を取り入れると、ウキウキ感が増しますよ。

型紙▶88ページ

製作／藤沢しのぶ

にゅう

素材

- 色画用紙
- 不織布
- 片段ボール
- ストロー
- モール
- 紙テープ
- フラワーペーパー
- トイレットペーパーの芯

作り方のポイント

＊サクラ＊ ・切り紙で・

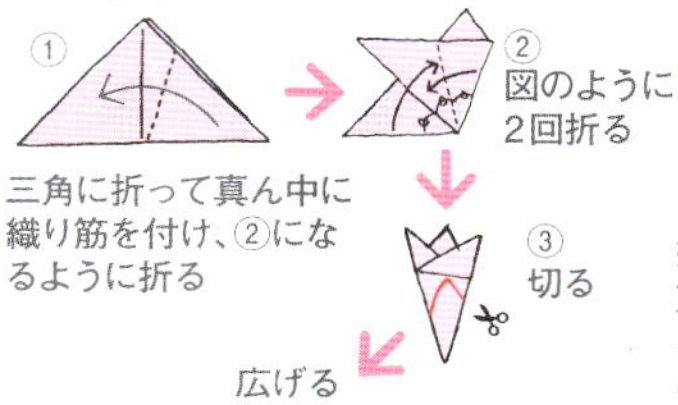

①
三角に折って真ん中に織り筋を付け、②になるように折る
②
図のように2回折る
③
切る
広げる

＊花＊ ・紙テープで・

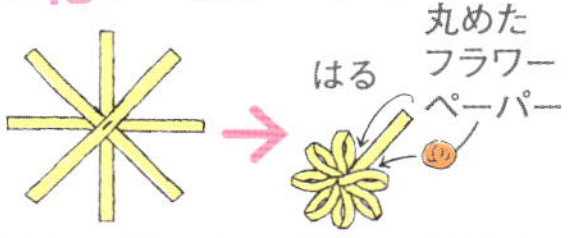

紙テープを4本重ね、ホッチキスで中央を留める
はる
丸めたフラワーペーパー
紙テープの片方を中央で重ね、ホッチキスで留める

＊花＊ ・花が開くしかけ・

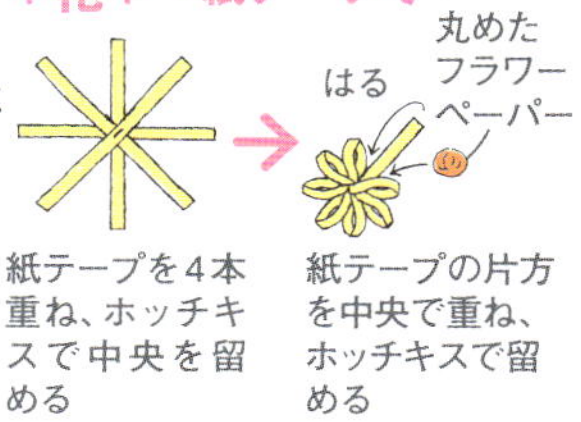

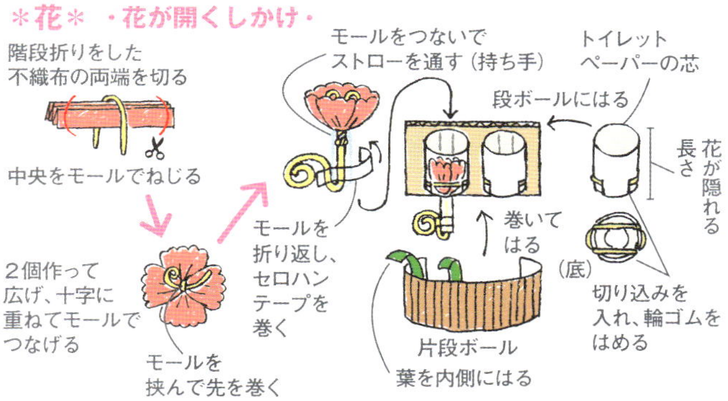

階段折りをした不織布の両端を切る
中央をモールでねじる
2個作って広げ、十字に重ねてモールでつなげる
モールを挟んで先を巻く
モールを折り返し、セロハンテープを巻く
モールをつないでストローを通す（持ち手）
段ボールにはる
トイレットペーパーの芯
長さ
花が隠れる
巻いてはる
（底）
切り込みを入れ、輪ゴムをはめる
片段ボール
葉を内側にはる

\花が開いて子どもたちも注目!!/

モールを上に押し上げると…

花が開きます

使える！アレンジ ＊花＊

・プチプチシートで・

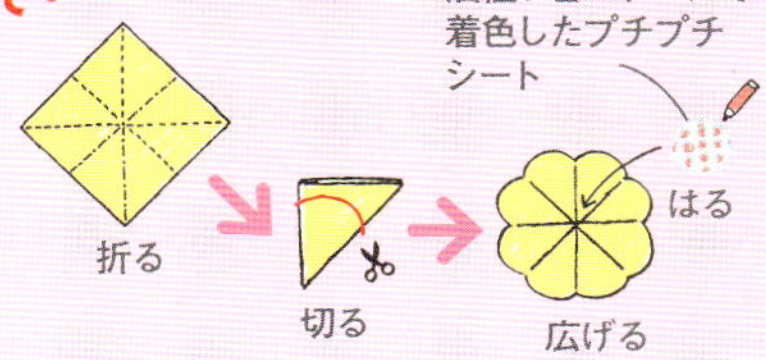

折る
切る
油性フェルトペンで着色したプチプチシート
はる
広げる

・紙テープを巻いて・

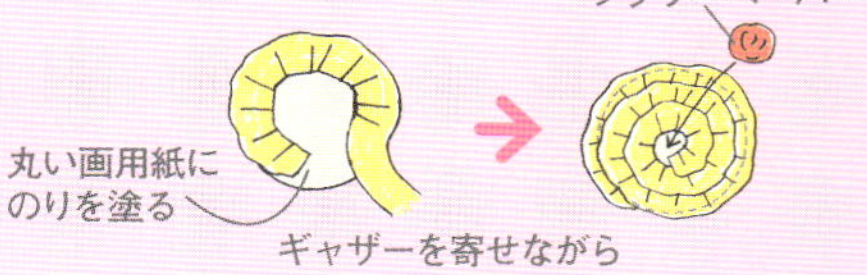

丸い画用紙にのりを塗る
ギャザーを寄せながら紙テープをはっていく
丸めたフラワーペーパー

えんおめでとう

・紙テープをねじって・

紙テープを3本重ね、ホッチキスで中央を留める

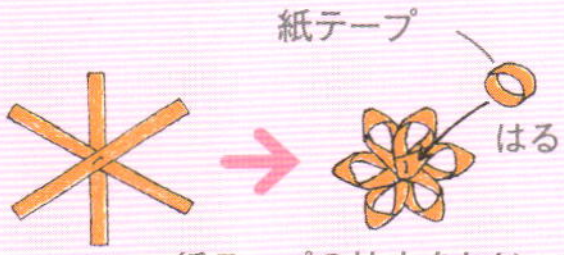
輪にした
紙テープ
はる

紙テープの片方をねじって中央で重ねホッチキスで留める

・折り紙の階段折りで・

階段折り
をする
半分に折る
両端を広げ
両面テープで
はり合わせる
モールを丸めて
中央にはる
両面テープで
4個接着する

チョウチョウが出てきたよ！

花の裏の筒から、チョウチョウが飛び出したり隠れたりするしかけで楽しくなります。

型紙▶89ページ　製作／むかいえり

素材
- 色画用紙
- モール
- 和紙
- ストロー
- トイレットペーパーの芯

作り方のポイント

＊チョウチョウ＊　・染め紙で・

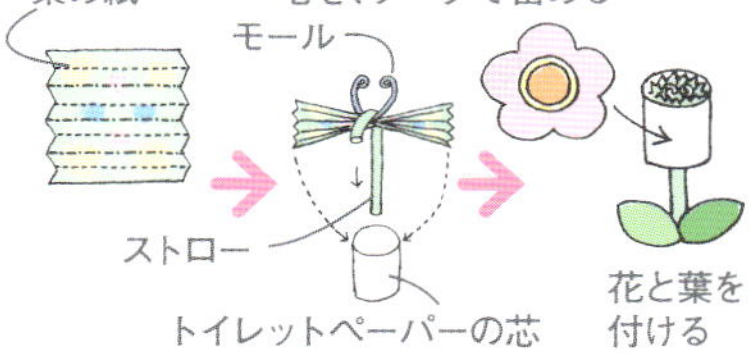
階段折りした染め紙
ストローを図のように巻き、テープで留める
モール
ストロー
トイレットペーパーの芯
花と葉を付ける

しかけ
花の茎の部分（ストロー）を上下させて動かします。

おめでとう

4月

雲の上の ふわふわブランコ

ふわふわでゆったりしたようすを表現。保育室の子どもたちも落ち着いた気分になりますね。

型紙▶89ページ

製作／秋山理香

素材

- 色画用紙
- カラーポリ袋
- 綿
- ひも
- 厚紙

作り方のポイント

＊雲＊　・ポリ袋でふわふわに・

厚紙
綿
ポリ袋
綿を乗せた
厚紙を
ポリ袋で包み、
裏をテープで
留める

おめでとう

周りにほかの動物を並べるとかわいらしさup！

＊ゾウ＊

＊サル＊

＊リス＊

＊ブタ＊

5月

プカプカこいのぼりバス

大きなこいのぼりバスに乗ってお空の散歩はいかが？　ぐるぐる描きや指スタンプで作った子どもたちのこいのぼりをいっしょに浮かべてもかわいいですね。

型紙▶90ページ

製作／大橋文男

ひかりえん

素材

・色画用紙

作り方のポイント

＊こいのぼり＊　・階段折りで・

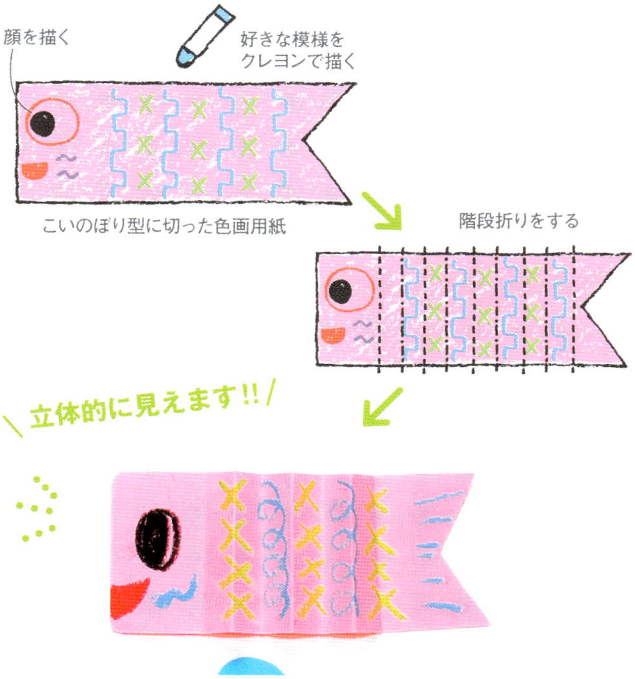
顔を描く
好きな模様を
クレヨンで描く
こいのぼり型に切った色画用紙
階段折りをする
立体的に見えます!!

年齢別

子どもと作れるアイディア

＊こいのぼり＊

3歳　・なぐり描きで・

クレヨンでぐるぐる描きをし、模様を描く

4歳 ・指スタンプで・

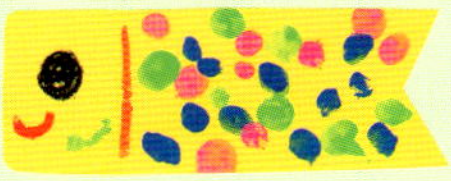

子どもがひとさし指で
指スタンプをし、模様を描く

5歳 ・はり絵で・

折り紙や包装紙をはる

5月

イチゴ たくさん摘めるかな？

今日はみんなでイチゴ摘みにやってきました。どれも大きくておいしそう！草はくしゃくしゃになるまでもむことで、より生い茂る草を表現できます。

型紙▶91ページ

製作／マメリツコ

素材

- 色画用紙
- フラワーペーパー
- 綿

作り方のポイント

＊イチゴ＊ ・フラワーペーパーで・

綿
フラワーペーパーで
綿を包む
フェルトペンで
種を描く
色画用紙をはる
はる
草の形に切った
色画用紙をもむ

使える！アレンジ

＊イチゴ＊

・クレヨンで・

クレヨンで種を描く

・顔を描いて・

自由にイチゴに顔を描く

・丸シールで・

種に見たてて好きな所に
丸シールをはる

5月

お山の上でピクニック

クマさんたちが仲よく春の遠足へ。おなかがペコペコになったので、みんなでお山の上でお弁当タイム。あれ？小鳥たちも遊びにやってきましたよ。

型紙▶92ページ

製作／池田かえる

素材
・色画用紙

作り方のポイント

＊小鳥＊

・階段折りで立体的に・

羽の形に切った色画用紙を階段折りにする
はる
顔を描く

年齢別 子どもと作れるアイディア

＊小鳥＊

3～4歳 ・手形スタンプで・
絵の具
色画用紙に手形を押す
手形の形に切る
はる
5歳 ・デカルコマニーで・
デカルコマニーをして羽に模様を付ける

5月

クローバーに囲まれて

たくさんのクローバーに囲まれて、虫たちもお友達もとっても楽しそう。ふんわりとしたクローバーは子どもたちの気持ちを優しくさせますね。

型紙 ▶ 92ページ

製作／ピンクパールプランニング

素材
- 色画用紙
- フラワーペーパー

作り方のポイント

＊クローバー＊

・フラワーペーパーで・

フラワーペーパーを
4枚はり合わせる
色画用紙

年齢別 子どもと作れるアイディア

＊クローバー＊

3～4歳 ・スポンジスタンプで・

小さく切った
スポンジ
厚紙に2色の
絵の具を
スポンジで
スタンプする
絵の具
厚紙

5歳 ・染め紙で・

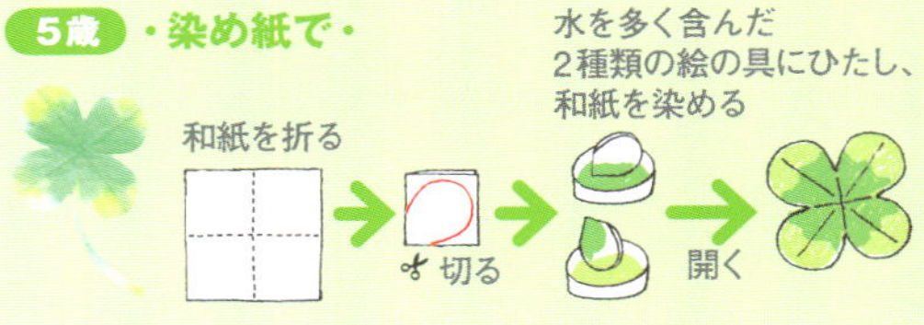
和紙を折る
切る
水を多く含んだ
2種類の絵の具にひたし、
和紙を染める
開く

6月

横から見ると…

くるくるカラフルカタツムリ

大きな傘の上を色とりどりのカタツムリが行進します。雨降りでも楽しい気分になっちゃいますね♪　カタツムリの中心にペットボトルのふたをはっているので、カタツムリに動きが出ます。

型紙▶93ページ

製作／大橋文男

素材

・色画用紙
・カラーポリ袋
・モール
・ペットボトルのふた
・色画用紙

作り方のポイント

＊カタツムリ＊　・くるくる切って・

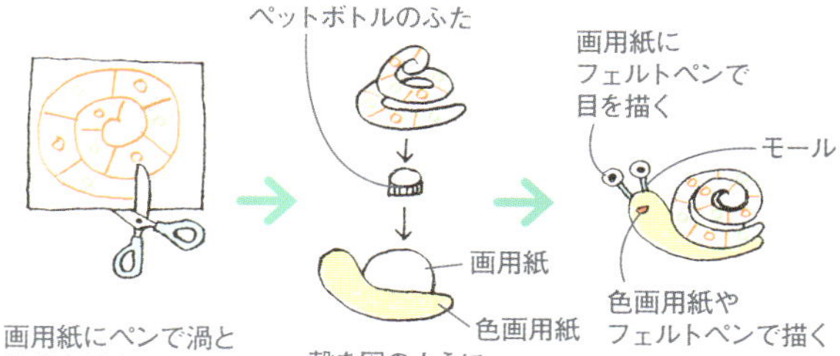

ペットボトルのふた
画用紙にフェルトペンで目を描く
モール
画用紙
色画用紙
色画用紙やフェルトペンで描く

画用紙にペンで渦と模様を描き、渦の線上を切る

殻を図のようにテープで留める

年齢別 子どもと作れるアイディア

＊カタツムリ＊

3歳 ・紙皿に渦を描いて・

丸シールをはる
フェルトペンで描く
フェルトペンで紙皿に渦の模様を描く
色画用紙をちぎる

4歳 ・はじき絵で・

クレヨンで描き上から絵の具を塗る（はじき絵）
はる
色画用紙を切る

5歳 ・回転するしかけ・

割りピンを中央にさす
切り紙を
した折り紙
モール
クレヨンで塗る
色画用紙を切る

5歳 ・渦を立体的に・

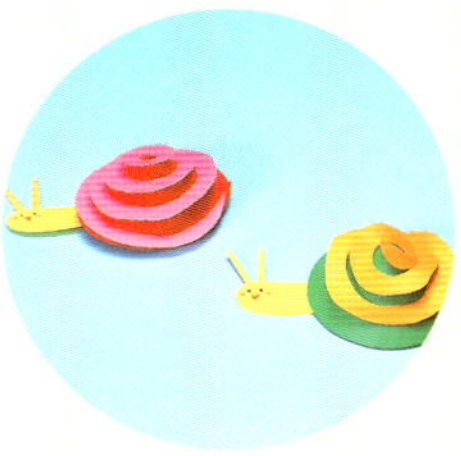

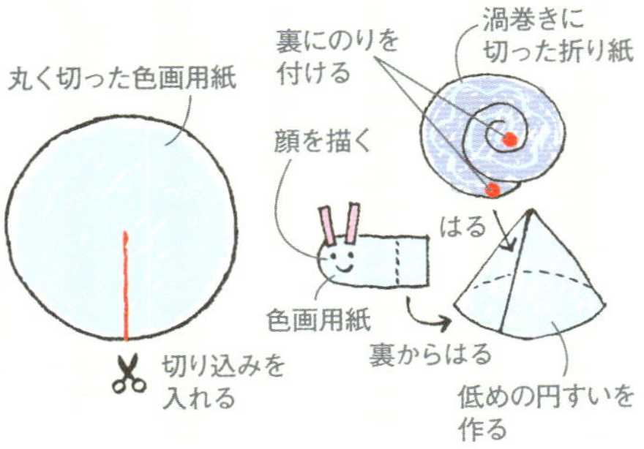
丸く切った色画用紙
切り込みを
入れる
裏にのりを
付ける
渦巻きに
切った折り紙
顔を描く
はる
色画用紙
裏からはる
低めの円すいを
作る

6月

ポッツンザーザー♪雨降り傘

お空から雨粒ぼうやが降ってきて、今日は雨降り。雨の歌をうたいながら、「ポツポツ」「ザーザー」とリズムに乗って子どもたちの大好きな傘作りを楽しみましょう。

型紙▶94ページ

製作／秋山理香

素材
- 色画用紙
- スズランテープ
- モール

作り方のポイント

＊傘＊　・たんぽで・

雨粒を
イメージし、
たんぽを押す
たんぽ
ザーザー
色画用紙
傘の柄と
動物をはる

6月

いろんなアジサイ咲いたね

雨上がりにキレイに映えるアジサイを３種類紹介。クラスの子どもの興味や発達に合わせて作り方を選べるのがうれしいですね。

型紙▶94ページ

製作／秋山理香

素材
- 色画用紙
- カラーポリ袋
- スチレン皿
- 包装紙
- 折り紙
- プチプチシート
- 厚紙

作り方のポイント

＊アジサイ＊

・カラーポリ袋で・

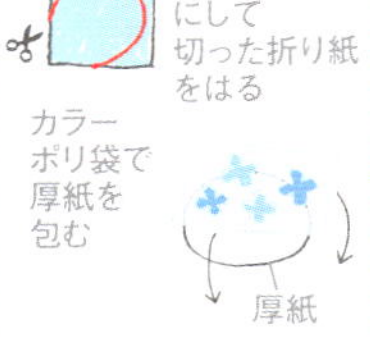

4つ折りにして切った折り紙をはる
カラーポリ袋で厚紙を包む
厚紙

・スタンプで・

スチレン皿にボールペンなどで溝を付ける
絵の具でスタンプする
色画用紙

・プチプチシートで・

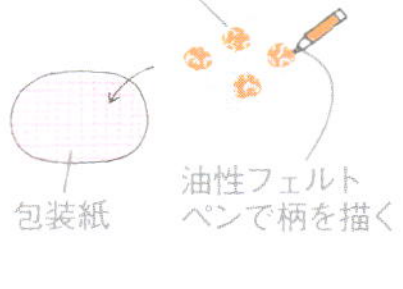

プチプチシート
包装紙
油性フェルトペンで柄を描く

何時か教えてフラワー時計

お花いっぱいの大きな時計が子どもたちに時間を教えてくれます。時計の葉っぱは階段折りにすることで立体感が出ます。

型紙▶95ページ

製作／田中なおこ

素材
- 色画用紙
- 割りピン
- フラワーペーパー

作り方のポイント

＊時計＊　・針が動くしかけ・

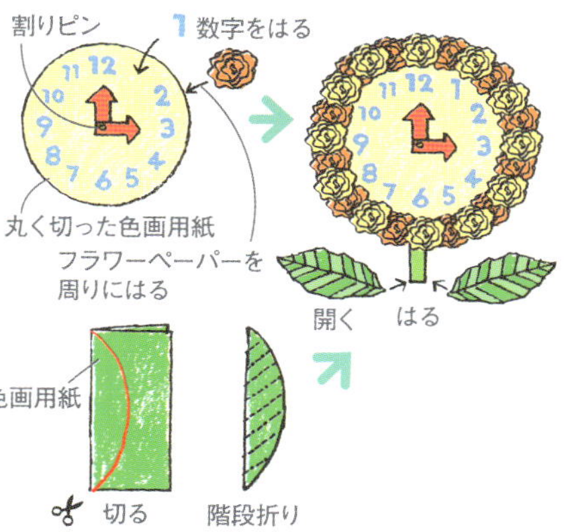
割りピン
数字をはる
丸く切った色画用紙
フラワーペーパーを周りにはる
開く
はる
色画用紙
切る
階段折り

針を動かして子どもたちと時間の確認をしてみるのもいいですね！

12 1 2 3 4 5 6 7 8 9 10 11

6月

みんなで歯みがき シュッシュッシュ

歯みがきをしてピカピカの白い歯にしましょう。コップはお菓子の空き箱でできているので、中に歯ブラシが入れられます。

型紙 ▶ 95ページ

製作／降矢和子

素材

- 色画用紙
- お菓子の空き箱
- 包装紙

作り方のポイント

＊コップ＊

・空き箱で・

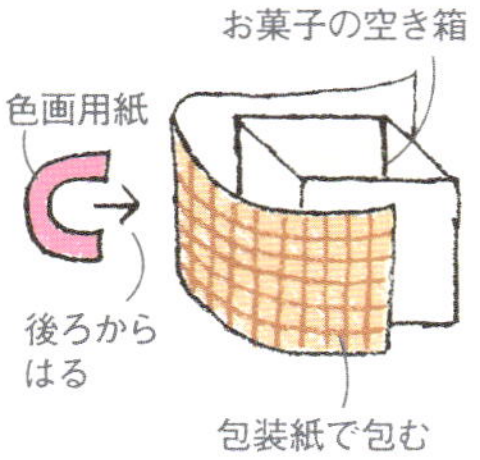
お菓子の空き箱
色画用紙
後ろからはる
包装紙で包む

＊歯ブラシ＊

・色画用紙で・

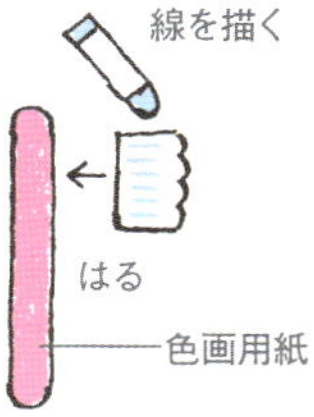
クレヨンで線を描く
はる
色画用紙

使える！アレンジ

＊歯ブラシの持ち手＊

・段ボールで・

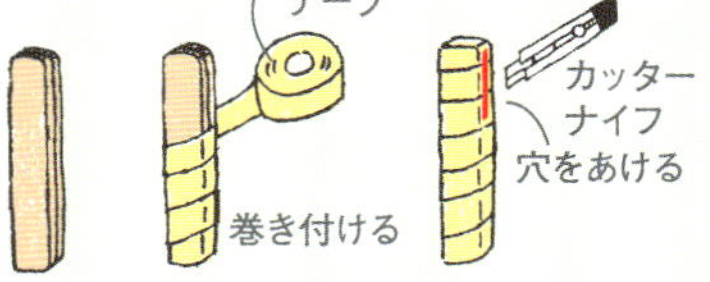
段ボールを2～3枚重ねてはる
カラービニールテープ
巻き付ける
カッターナイフ
穴をあける

＊歯ブラシ＊

・モールで・　・スズランテープで・　・毛糸で・

木工用接着剤
差し込む
モールの先を少し折り曲げねじる
木工用接着剤
差し込む
何本かまとめて結んだスズランテープ
木工用接着剤
差し込む
何本かまとめて結んだ毛糸

7月

ゆうらり七夕流れ星

年に一度の七夕、天の川の上で織姫と彦星が再会します。風に乗って揺れるお星様に子どもたちもくぎづけです。

型紙▶96ページ

製作/楢原美加子

素材

- ・色画用紙
- ・オーロラシート
- ・キラキラモール
- ・画びょう
- ・画用紙
- ・紙テープ

作り方のポイント

＊七夕飾り＊　・揺れる飾り・

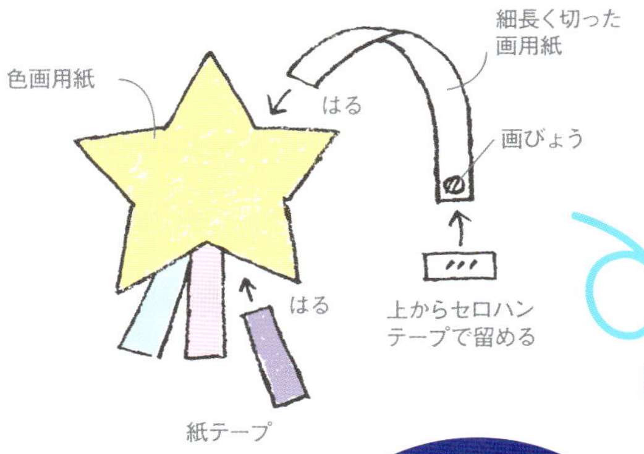

細長く切った
画用紙
色画用紙
はる
画びょう
はる
上からセロハン
テープで留める
紙テープ

立体的になり動きも出ますよ!!

年齢別　子どもと作れるアイデア

＊七夕飾り＊

3歳　・四角つなぎで・

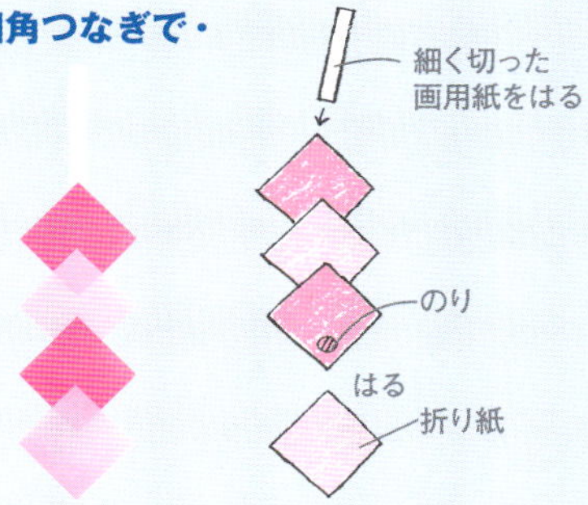

細く切った
画用紙をはる
のり
はる
折り紙

4歳 ・三角つなぎで・

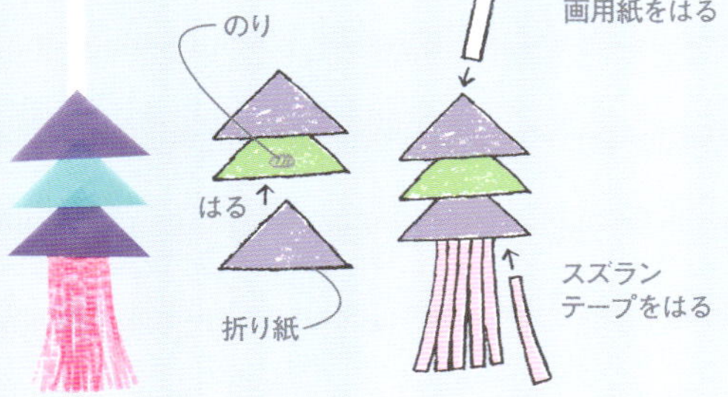
のり
はる
折り紙
細く切った
画用紙をはる
スズラン
テープをはる

5歳 ・網飾りで・

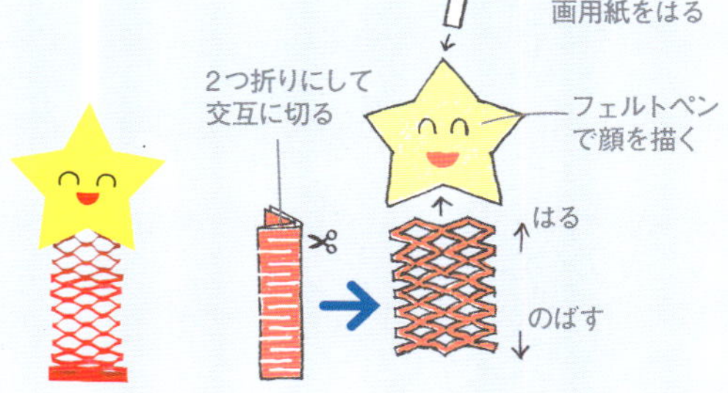
細く切った
画用紙をはる
2つ折りにして
交互に切る
フェルトペン
で顔を描く
はる
のばす

7月

グングン伸びてね アサガオさん

夏の太陽をいっぱいに浴びたアサガオさん。毎日の生長が楽しみですね。星の模様は切り込みに毛糸を引っ掛けて作っています。

型紙 ▶ 97ページ

製作／鳥生美幸

素材
- 色画用紙
- 画用紙
- 毛糸
- モール

作り方のポイント

＊アサガオ＊ ・毛糸を引っ掛けて・

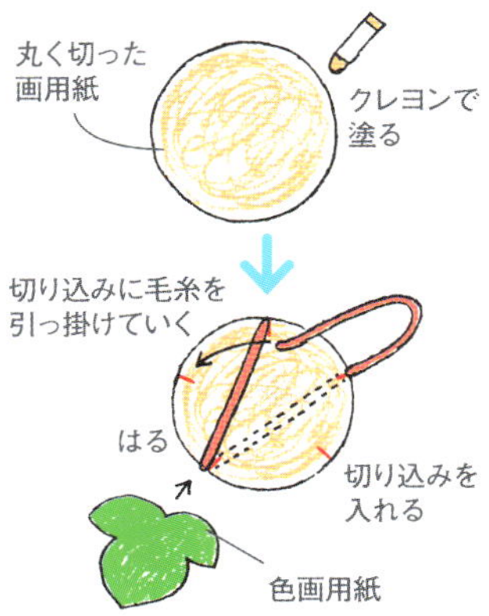
丸く切った
画用紙
クレヨンで
塗る
切り込みに毛糸を
引っ掛けていく
はる
切り込みを
入れる
色画用紙

使える！ アレンジ

＊アサガオ＊ ・紙皿にステンシルで・

厚紙
カッターナイフ
星形に
切り抜く
紙皿の上に置く
スポンジ
絵の具
厚紙がずれないよう押さえながら、ポンポンとスポンジで色を付ける

7月

おサカナさんと海底散歩はイカが？

魚の形の色画用紙に入れた切り込みを起こすと、ウロコらしくなります。折り紙を裏からはり付けると色鮮やかな魚になります。スズランテープとトイレットペーパーの芯を使ったしかけで左右に動かすことができます。

型紙▶97ページ

製作／藤江真紀子

素材

- 色画用紙
- 画用紙
- 折り紙
- トイレットペーパーの芯
- スズランテープ
- オーロラシート

作り方のポイント

＊魚＊

・切り込みを入れて・

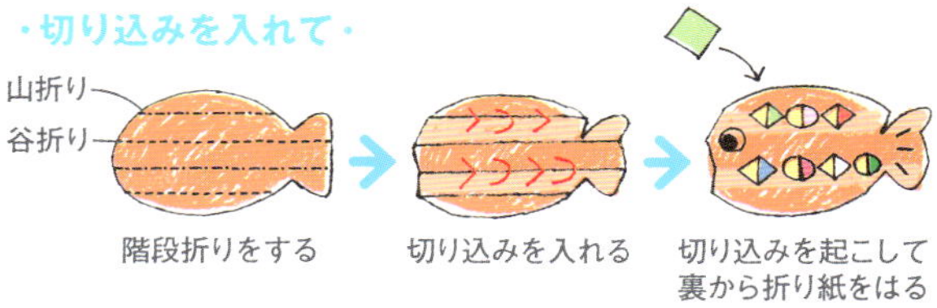

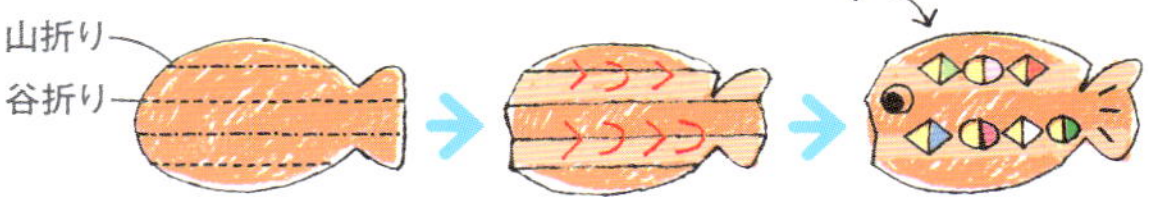

階段折りをする → 切り込みを入れる → 切り込みを起こして裏から折り紙をはる

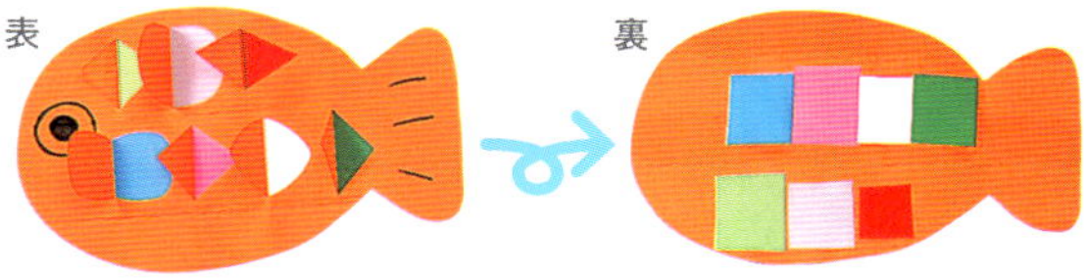

・動くしかけ・

切り込みを入れたトイレットペーパーの芯に魚をはり、壁に張ったスズランテープに引っ掛けると、数を増やしたり移動をしたりするのもラクラク！

年齢別 子どもと作れるアイディア

＊魚＊

3歳 ・たんぽで・

魚の形に切った画用紙に、たんぽを使って自由にウロコの模様を描く。水分を少なめにするほうが、たんぽの布目の模様が出ておもしろい

4歳 ・絵を描いて・

画用紙に海の生き物を描いて、ハサミで切り抜く

5歳 ・折り紙を組み合わせて・

丸や四角に切った折り紙を組み合わせる

7月 デザートはいかが？

暑～い園庭で遊んだ後に、ひえひえデザートはいかがですか？　簡単に、しかも食べちゃいたいくらいおいしそうな、かき氷&アイスを２種類ずつ紹介。

型紙▶98ページ

製作／むかいえり

素材

- 色画用紙　・プチプチシート　・空き容器
- 綿　・ビーズやモール
- ガチャポン（カプセルトイ）ケース
- ティッシュペーパー
- フラワーペーパー　・牛乳パック
- トイレットペーパーの芯　・布や不織布

作り方のポイント

＊かき氷＊

・プチプチシートで・
プチプチシートに油性フェルトペンで色をつける
中にティッシュペーパーを詰める
空き容器
・綿で・
綿に、溶いた絵の具を垂らす
ビーズやモールで飾る

＊アイス＊

・ガチャポンケースで・
ガチャポンケースにフラワーペーパーを入れる
・フラワーペーパーで・
丸めたティッシュペーパーをフラワーペーパーで包む
色画用紙に模様を付ける

＊商品棚＊

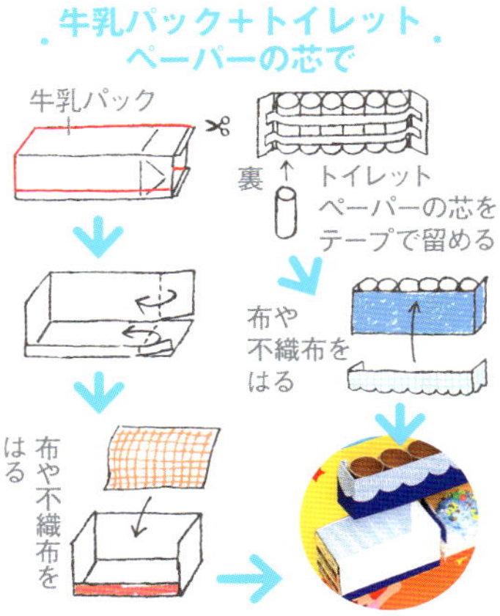

・牛乳パック＋トイレットペーパーの芯で・
牛乳パック
布や不織布をはる
裏
トイレットペーパーの芯をテープで留める
布や不織布をはる

ひえひえデザート

おめんやさん
祭

7月

いらっしゃい！おめんだよ

タヌキ村の夏祭り。個性あふれるお面が並んでいますよ。お面は、牛乳パックと紙皿の2種類を紹介。いつでもかぶれるよう、取り外しができるように飾るといいですね。

型紙▶98ページ

製作／藤沢しのぶ

素材

・色画用紙　・紙皿　・ヘアゴム　・牛乳パック
・千代紙　・片段ボール　・ひも　・木製洗濯バサミ

作り方のポイント

＊お面＊

・牛乳パックで・

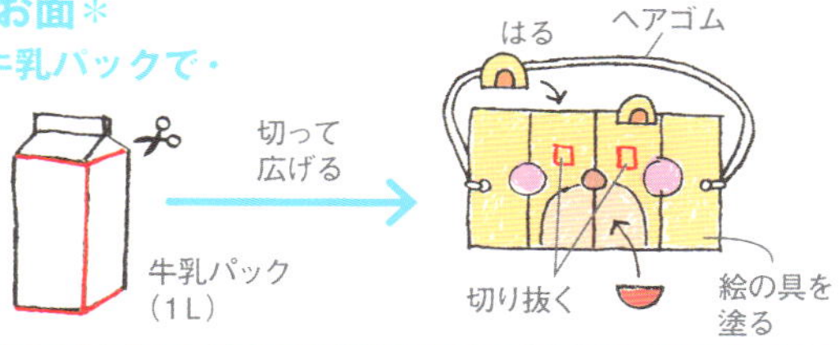
切って
広げる
牛乳パック
（1L）
はる
ヘアゴム
切り抜く
絵の具を
塗る

・紙皿で・

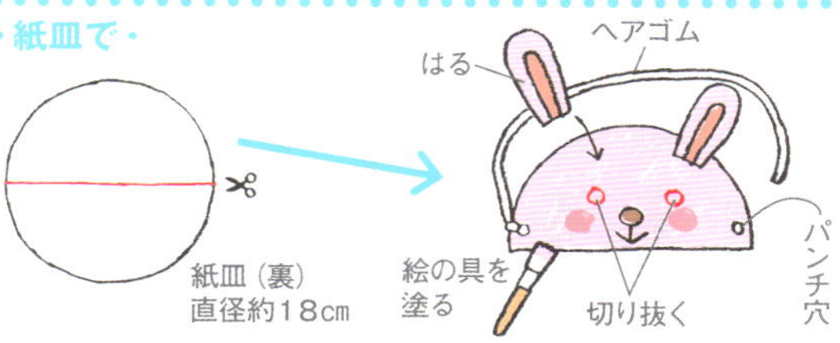
紙皿（裏）
直径約18㎝
はる
ヘアゴム
絵の具を
塗る
切り抜く
パンチ穴

本当にかぶって遊べちゃいます！

8月

花火がドーン!!

いろいろな色の紙テープをくるくるひねって花火に。夜空に大きな花が咲きました！

型紙▶99ページ　　製作／藤江真紀子

素材
- ・色画用紙　・千代紙
- ・紙テープ

作り方のポイント

＊花火＊

・紙テープをひねって・

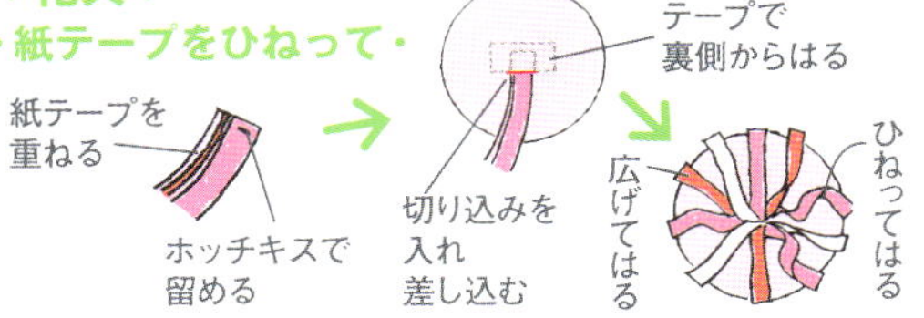

紙テープを重ねる
ホッチキスで留める
切り込みを入れ差し込む
セロハンテープで裏側からはる
広げてはる
ひねってはる

年齢別 子どもと作れるアイディア

＊花火＊

3歳 ・はじき絵で・

クレヨンで花火をしっかり描いたら、上から黒い絵の具で塗る

4歳 ・ペットボトル片で・ 透明感が出てキラキラした花火に！

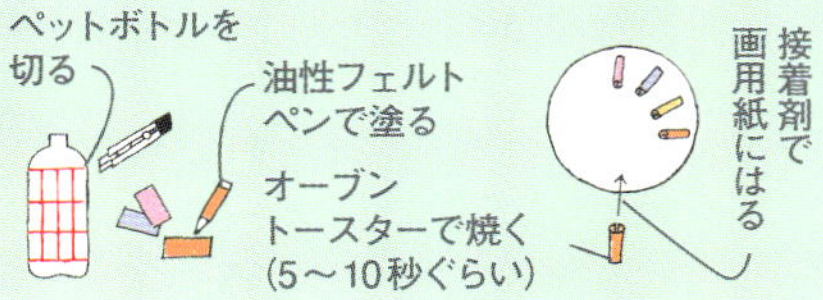

ペットボトルを切る
油性フェルトペンで塗る
オーブントースターで焼く（5～10秒ぐらい）
接着剤で画用紙にはる

5歳 ・色画用紙を切って・

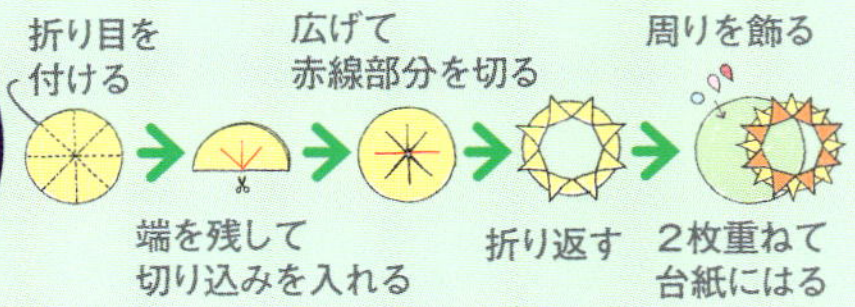

折り目を付ける
端を残して切り込みを入れる
広げて赤線部分を切る
折り返す
周りを飾る
２枚重ねて台紙にはる

8月

好きな所にパッチン！ 虫さん捕まえた！

子どもたちの大好きな昆虫が壁面になっちゃった！　散歩や戸外遊びで見つけた虫や、図鑑で調べたお気に入りの虫を作って好きな所にパッチンと留まらせましょう。

型紙▶100ページ

製作／くるみれな

素材

- 色画用紙
- 木製洗濯バサミ
- モール

虫の裏側には木製洗濯バサミが付いているので、好きなところに挟んだり、移動させたりできますよ。

作り方のポイント

＊虫＊　・挟めるしかけ・

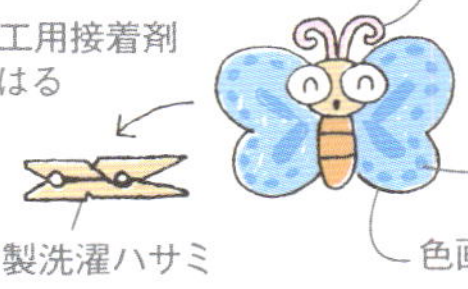
モールを
裏からはる
木工用接着剤
ではる
フェルトペンで
模様を描く
木製洗濯ハサミ
色画用紙

ほかの虫もいろいろ作ってみましょう。

＊木＊

・色画用紙で・

裏にのり
付けする
はる
折り目を
付ける
色画用紙

8月

波乗りドルフィン

仲よしイルカに乗って海の上で波乗りです。海の波は穴あけパンチで穴をあけてひと工夫。

型紙▶100ページ

製作／ピンクパールプランニング

素材
- 色画用紙
- フラワーペーパー

作り方のポイント

＊波＊
・穴あけパンチで・

パンチで穴をあける

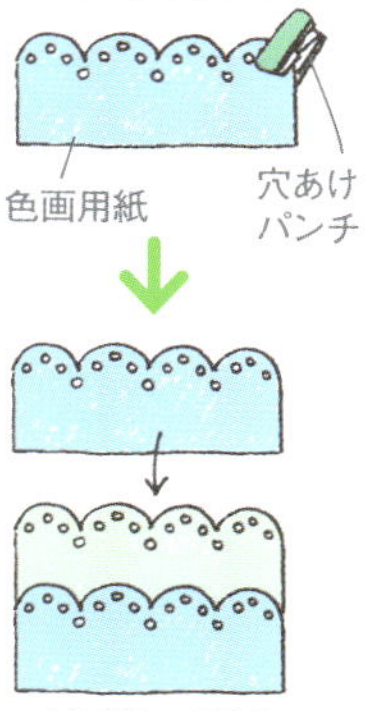

少し重ねてはる

使える！アレンジ

＊波＊
・プチプチシートで・

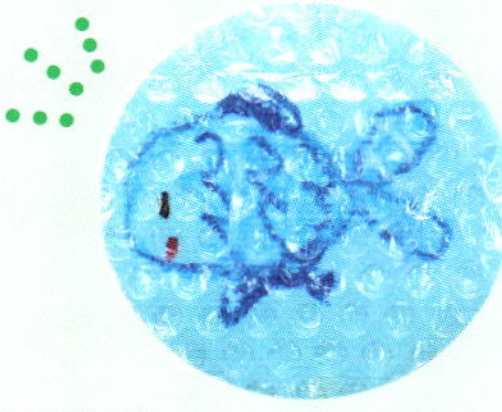

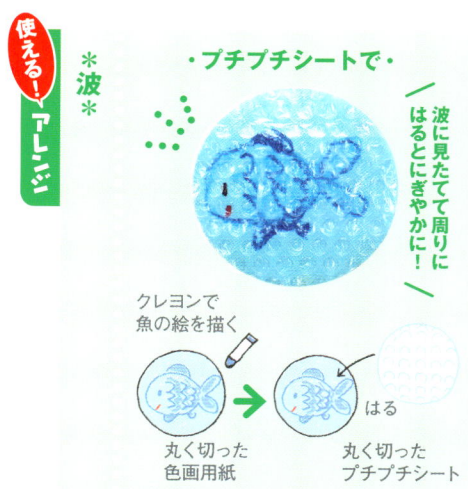

波に見たてて周りにはるとにぎやかに！

クレヨンで
魚の絵を描く

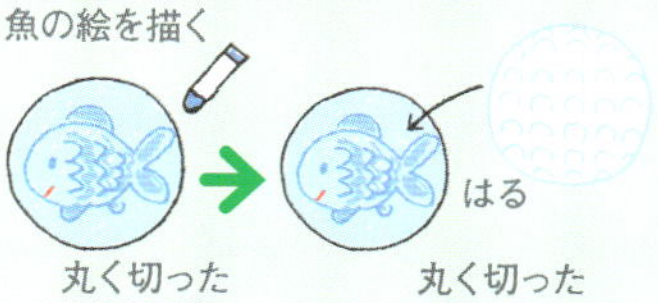

丸く切った
色画用紙

丸く切った
プチプチシート

にっこり！太陽とヒマワリ

太陽に向かって咲く、元気いっぱいのヒマワリ。種の部分は、段ボールの素材感を生かして。花びらはフラワーペーパーを使って、2種類の形を紹介しています。どんな形にするか、自分で工夫してみてもいいですね。

型紙▶101ページ

製作／藤江真紀子

素材
- 色画用紙
- 段ボール
- フラワーペーパー

作り方のポイント

＊ヒマワリ＊ ・段ボール＋フラワーペーパーで・

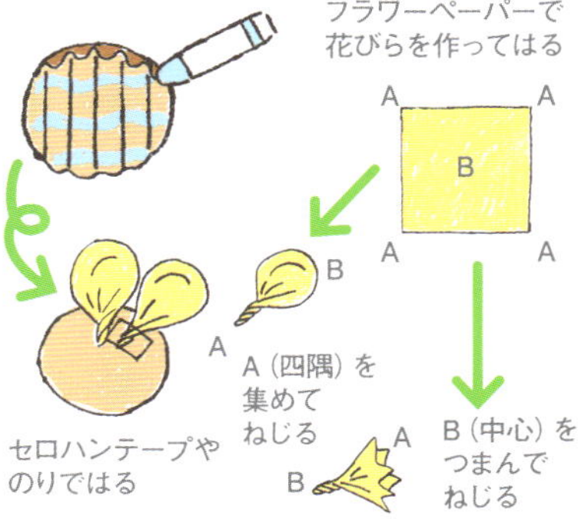
段ボールの表面をはがし、
クレヨンで模様を描く
フラワーペーパーで
花びらを作ってはる
A
A
B
A
A
B
A
A（四隅）を
集めて
ねじる
セロハンテープや
のりではる
B（中心）を
つまんで
ねじる
A
B

使える！アレンジ

＊ヒマワリ＊ ・色画用紙で・

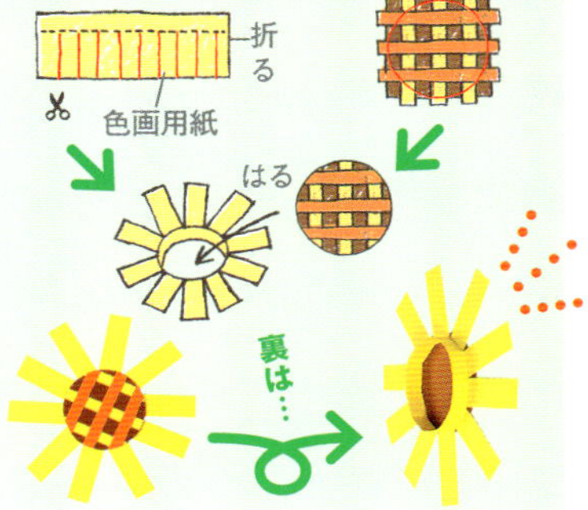
花びらは切り込みを
入れて、輪にして
のり付け
紙帯を組み
合わせて丸く切る
折る
色画用紙
はる
裏は…

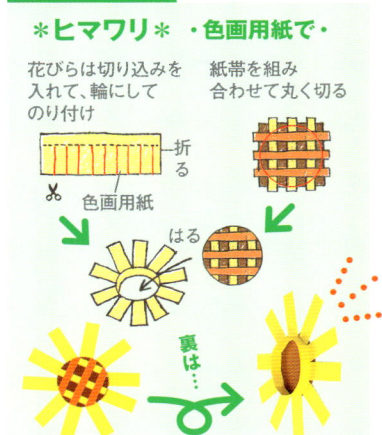

9月

おいしいね！ブドウ狩り

秋の味覚、ブドウ狩りに動物たちがやってきました。ブドウ棚は立体的で、つるは折り紙や和紙ひもを利用していて飾り付けもひと工夫！ブドウは丸めたフラワーペーパーなので、子どもたちにも作れますね。

型紙▶101ページ

製作／むかいえり

素材

- 色画用紙
- 紙コップ
- 和紙ひも
- フラワーペーパー
- 不織布
- モール
- 空き箱
- 折り紙
- カラーセロハン

作り方のポイント

＊ブドウ＊　・紙コップ＋フラワーペーパーで・

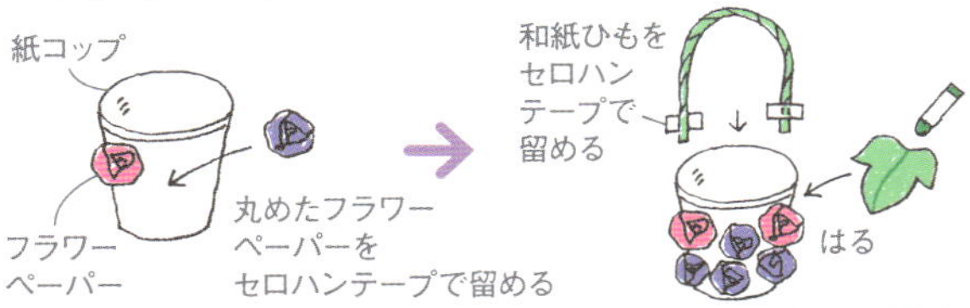

紙コップ
フラワーペーパー
丸めたフラワーペーパーをセロハンテープで留める
和紙ひもをセロハンテープで留める
はる

＊ブドウ棚＊　・空き箱＋折り紙で・

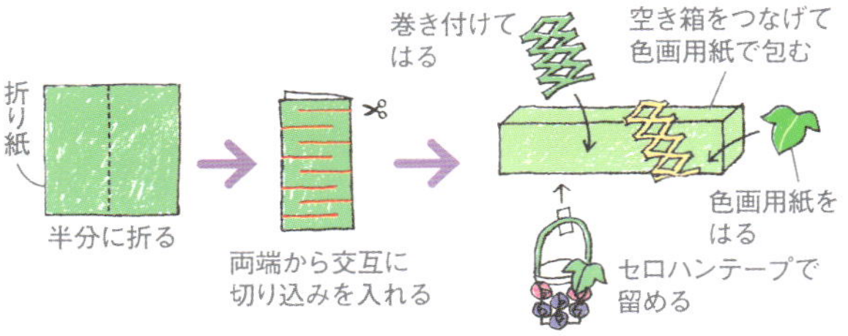

折り紙
半分に折る
両端から交互に切り込みを入れる
巻き付けてはる
空き箱をつなげて色画用紙で包む
色画用紙をはる
セロハンテープで留める

年齢別 子どもと作れるアイディア

＊ブドウ＊

3歳 ・カラーセロハンで・

丸めたティッシュペーパーなどをカラーセロハンでキャンディー包みにする

4歳 ・不織布で・

モール

不織布で綿などをくるむ

5歳 ・折り紙で・

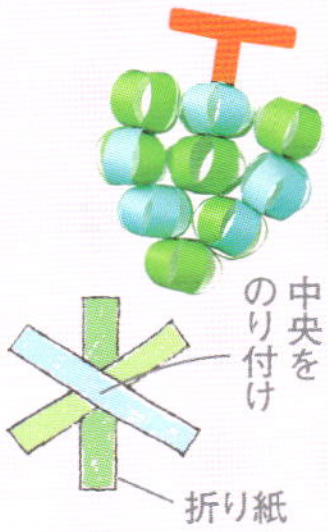

中央をのり付け
折り紙

向かい合わせで輪になるようにのり付けする

9月

コスモス畑で大縄ジャンプ！

満開のコスモス畑で思いっ切りジャンプ。リスさんは何回跳べたかな？　コスモスの茎はモールを使っているので自由に向きを調節できます。

型紙▶102ページ

製作／マメリツコ

素材
- 色画用紙
- モール
- 麻ひも

作り方のポイント

＊コスモス＊　・色画用紙で・

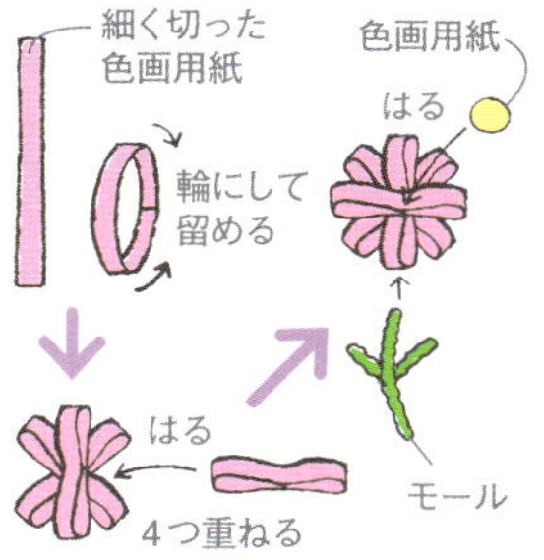

細く切った
色画用紙
輪にして
留める
はる
4つ重ねる
色画用紙
はる
モール

使える！アレンジ

＊コスモス＊

・不織布で・　・布で・　・包装紙で・

コスモスの形に
切った厚紙
厚紙の形に
合わせて切った不織布
コスモスの形に
切った厚紙
厚紙の形に合わせて
切った布
コスモスの形に
切った厚紙
厚紙の形に
合わせて切った包装紙

不織布、布、包装紙を厚紙に重ねることで
花びらが極端に反り返らなくなります。

9月

夕焼け空と赤トンボ

夕焼け空に浮かぶ雲は染め紙で表現しています。赤トンボは折り紙で子どもたちも作れます。

型紙▶102ページ

製作／むかいえり

素材

・色画用紙　・画用紙
・折り紙　　・和紙

作り方のポイント

＊トンボ＊　・折り紙で・

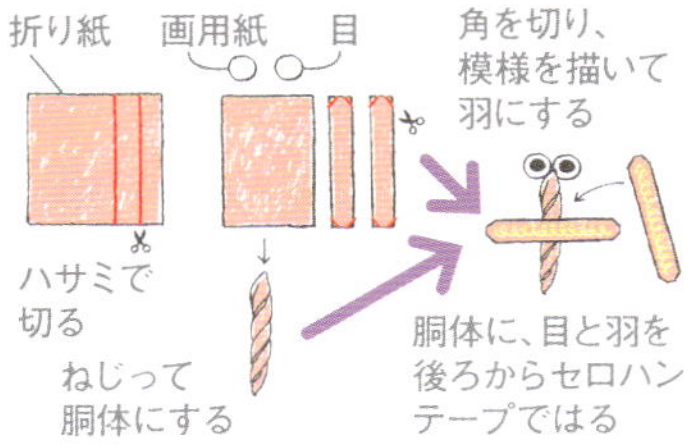
折り紙
画用紙
目
ハサミで切る
ねじって胴体にする
角を切り、模様を描いて羽にする
胴体に、目と羽を後ろからセロハンテープではる

使える！アレンジ

＊トンボ＊

・片段ボールで・

色画用紙の胴体に、片段ボールを輪にした羽を付ける

・スチレン皿で・

スチレン皿の羽につまようじで模様を付け、顔料系のインクのペンで優しく塗る

9月

スズムシ音楽隊

秋の夜長、満月も聴き入るほどの音色が響きます。スズムシは紙コップの底に鈴を付けているので、製作後も音を鳴らして楽しめますね。

型紙▶103ページ

製作／イケダヒロコ

素材

・色画用紙　・画用紙　・紙コップ
・たこ糸　・鈴　・モール
・片段ボール　・布

作り方のポイント

＊スズムシ＊　・紙コップで・

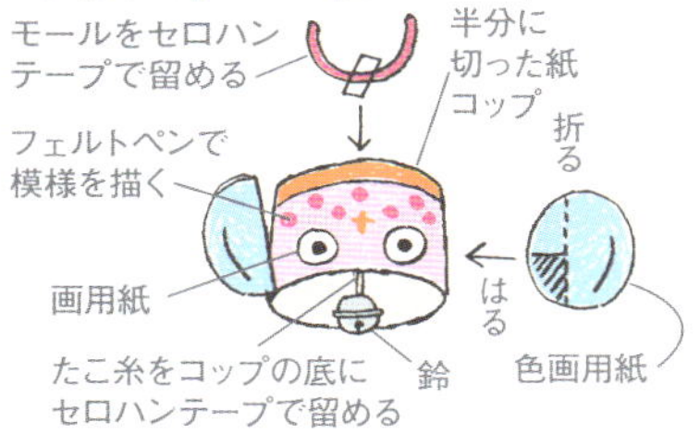
モールをセロハンテープで留める
半分に切った紙コップ
フェルトペンで模様を描く
折る
はる
画用紙
たこ糸をコップの底にセロハンテープで留める
鈴
色画用紙

体を持って振ると、本物のスズムシのような鈴の音が。

リンリン

9月

おだんごから こんばんは

お月様とおだんご…あれっ、よく見ると耳が付いているおだんごがあるよ。なんでかな？

型紙▶103ページ

製作／むかいえり

素材
- 色画用紙　・画用紙　・綿
- カラーポリ袋　・厚紙

作り方のポイント

＊おだんご＊　・顔が出るしかけ・

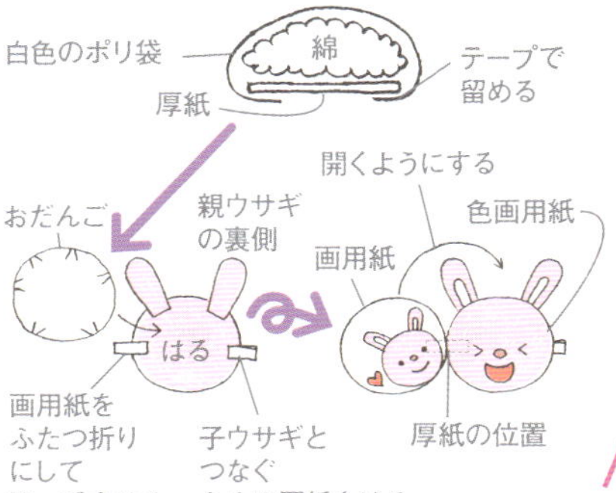

白色のポリ袋
綿
テープで留める
厚紙
開くようにする
おだんご
親ウサギの裏側
色画用紙
画用紙
はる
画用紙をふたつ折りにして取っ手をはる
子ウサギとつなぐための厚紙をはる
厚紙の位置

おだんごをめくると…
隠れていた動物の親子がこんばんは！

10月

イモ掘り つる引き大会

動物さんが、うんとこしょ！　土の中でも、どっこいしょ！　サツマイモと引っ張り合いっこをしていますよ。サツマイモの質感は、くしゃくしゃのクラフト紙に絵の具を塗ってリアルに表現。つるは毛糸を使っています。

型紙▶104ページ

製作／藤沢しのぶ

素材

- 色画用紙
- クラフト紙
- 新聞紙
- ひも
- 毛糸

作り方のポイント

＊サツマイモ＊　・クラフト紙をもんで・

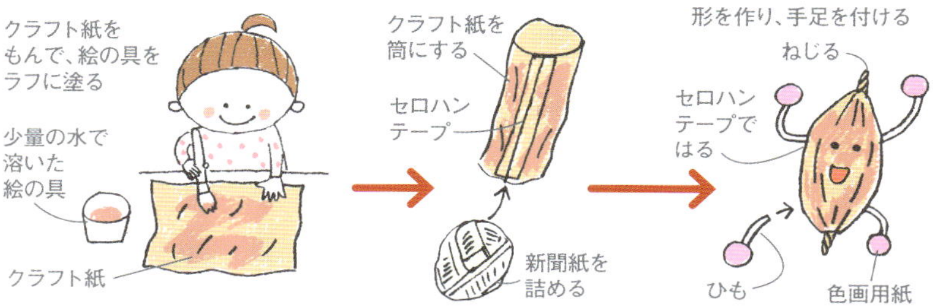
クラフト紙をもんで、絵の具をラフに塗る
少量の水で溶いた絵の具
クラフト紙
クラフト紙を筒にする
セロハンテープ
新聞紙を詰める
形を作り、手足を付ける
ねじる
セロハンテープではる
ひも
色画用紙

年齢別 子どもと作れるアイディア

＊サツマイモ＊

3歳

・はじき絵で・

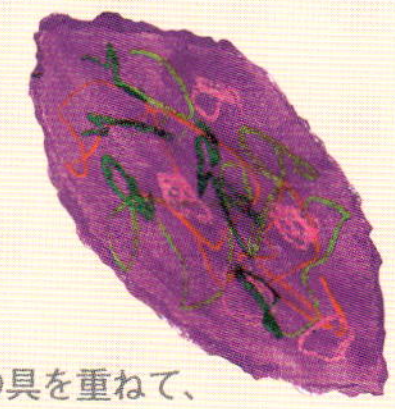

絵の具を重ねて、はじき絵にチャレンジ！

画用紙をちぎる
クレヨンで描き上から絵の具を塗る

4歳

・クレヨンで・　・たんぽで・

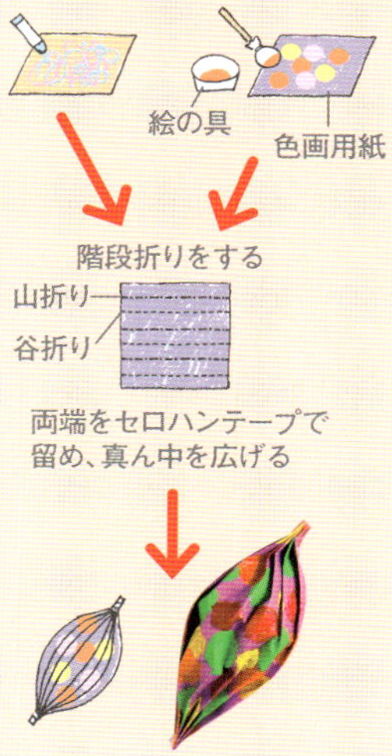
絵の具
色画用紙
階段折りをする
山折り
谷折り
両端をセロハンテープで留め、真ん中を広げる

4歳

・封筒をつなげて・

2～3枚つなげて大きなサツマイモに！

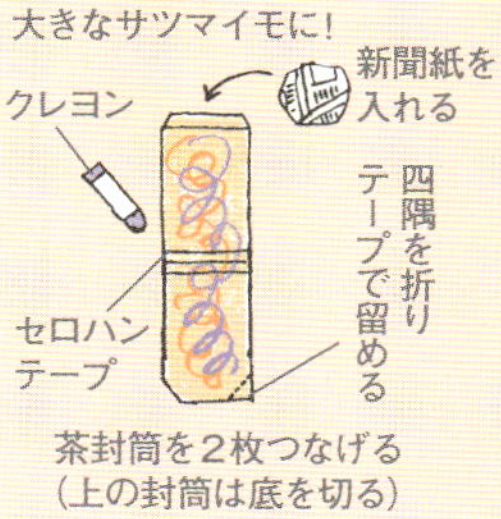
新聞紙を入れる
クレヨン
四隅を折りテープで留める
セロハンテープ
茶封筒を2枚つなげる（上の封筒は底を切る）

5歳

・皮がむける・

中からおいしそうな実が！本物らしさがうれしい

新聞紙
しわをつけた色画用紙
絵の具で茶色く塗った新聞紙で包む

10月 キノコの森のダンスショー♪

森の切り株ステージで、オシャレキノコちゃんたちが楽しくダンス♪　キノコの帽子はシールはりで作っていますが、その台紙にしかけをプラスするだけで、子どもなりに工夫してはっていく姿が見られますよ。

型紙▶104ページ

製作／藤沢しのぶ

素材
- 色画用紙
- 片段ボール
- 丸シール
- モール

作り方のポイント

＊キノコ＊

・しかけの紙にシールはり・

シールをはる色画用紙に、あらかじめ“しかけ”をプラスしてみましょう。線や図形を描いておくと、いつものシールはりに変化が出ます。

使える！アレンジ

＊キノコ＊

・たんぽで・

たんぽでカラフルに色を付ける

・なぐり描きで・

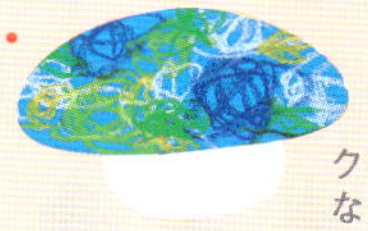

クレヨンでなぐり書き

10月

元気いっぱい運動会

動物たちの運動会。みんなで元気いっぱい応援しましょう。万国旗は子どもたちが好きな絵を描いたものを飾ってみてもいいでしょう。

型紙 ▶ 105ページ

製作／降矢和子

素材
- 色画用紙
- 麻ひも

作り方のポイント

＊万国旗＊
・色画用紙で・

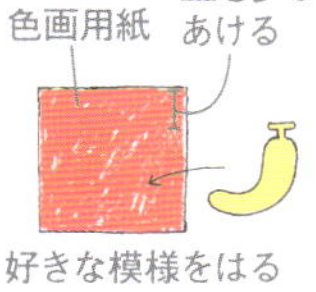
色画用紙
上を少し
あける
好きな模様をはる

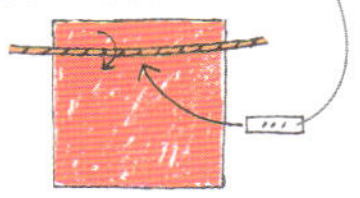
麻ひもを
挟んで折る
セロハン
テープで
留める

使える！アレンジ
＊万国旗＊

・にじみ絵で・

和紙
水を多く含んだ
絵の具
絵を描いてにじませる

・はじき絵で・

画用紙
クレヨン
絵筆
模様を描く
絵の具で塗る

11月

ブランコ♪ 葉っぱミノムシ

森のミノムシブランコで、動物たちといっしょに遊ぼう♪　ミノムシのミノは、子どもたちが拾ってきた葉っぱを、色鉛筆でこすり出したもの。色画用紙をふっくらさせた体をはると立体的に。小枝を使ってつるせば、さらに秋の雰囲気が出ます。

型紙▶106ページ

製作／むかいえり

素材
- 色画用紙
- 毛糸
- コピー用紙
- 小枝

作り方のポイント

＊ミノムシ＊ ・こすり出しで・

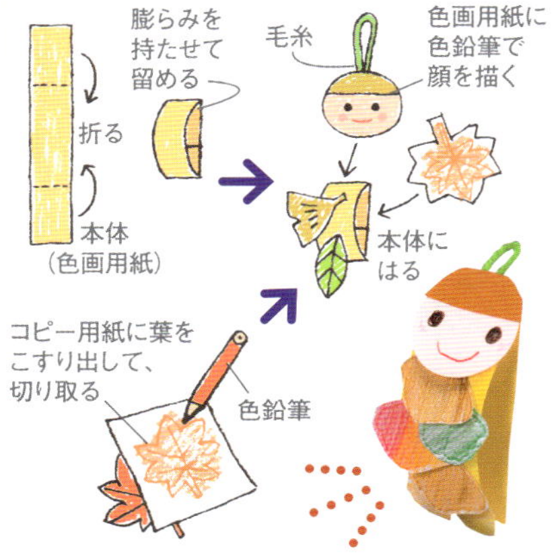
膨らみを
持たせて
留める
毛糸
色画用紙に
色鉛筆で
顔を描く
折る
本体
（色画用紙）
本体に
はる
コピー用紙に葉を
こすり出して、
切り取る
色鉛筆

年齢別 子どもと作れるアイディア

＊ミノムシ＊

3歳 ・毛糸を巻いて・

色画用紙に
顔を描く
毛糸を
巻く
新聞紙を
巻いたもの
たくさん巻いて
カラフルに!

4歳 ・筒を切り込んで・

筒状にした
広告紙
切る
色画用紙に顔を
描く
シール
切り込んだ筒の
中心を引き出す

5歳 ・ポンポンで・

毛糸で
少し長めの
ポンポンを
作る
2つ
つなげる
色画用紙に
顔を描く
3〜4つ
つなげて、
長〜いミノムシ
にしても

11月

クリ・ドングリ合唱団♪

リスさんの指揮に合わせて歌うクリさん、ドングリさんたち。すてきな歌声を聴かせてくれることでしょう。手足はモールでできているので、自由に動かせます。

型紙▶107ページ

製作／池田かえる

素材
・色画用紙 ・丸シール
・モール

作り方のポイント

＊クリ・ドングリ＊ ・クレヨンで・

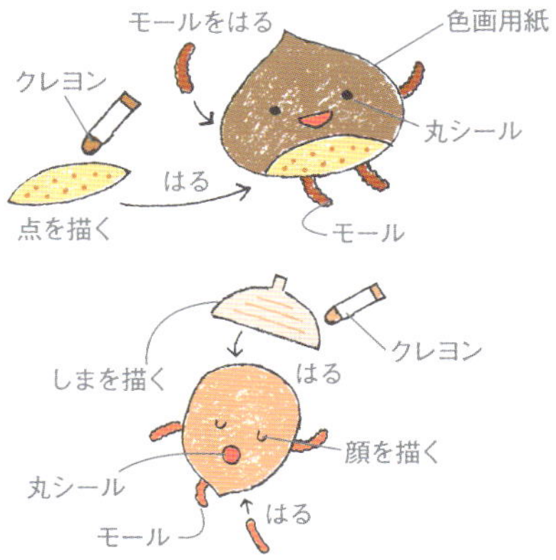
モールをはる
色画用紙
クレヨン
丸シール
はる
点を描く
モール
しまを描く
はる
クレヨン
顔を描く
丸シール
モール
はる

使える！アレンジ

＊クリ・ドングリ＊
・丸シールで・

カラフルな丸シールを子どもたちが自由にはって模様を付ける

11月

モミジの下で大変身

秋の紅葉シーズン。大きなモミジの木の下でキツネさんたちが化け比べをしています。モミジはグラデーションで濃淡をつけてあります。

型紙▶107ページ

製作／吉田朋子

素材

・色画用紙
・綿
・厚紙

作り方のポイント

＊モミジ＊ ・ステンシルで・

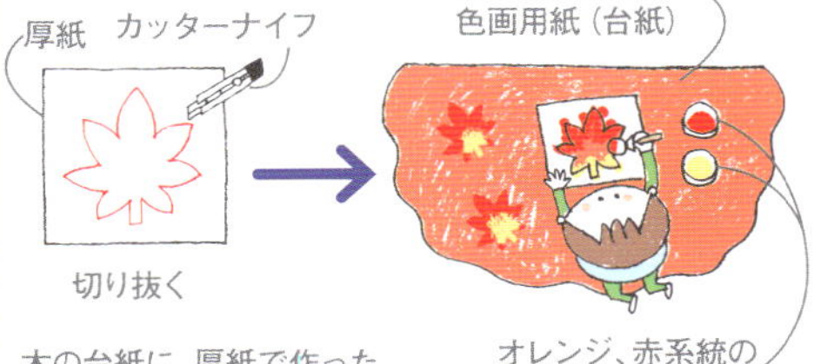
厚紙
カッターナイフ
切り抜く
木の形に切った
色画用紙（台紙）
オレンジ、赤系統の
2種類の絵の具

木の台紙に、厚紙で作ったモミジの型をスポンジやたんぽでステンシルする

使える！アレンジ

＊モミジ＊

・ちぎり絵で・

色画用紙
ちぎった
折り紙
モミジのように
組み合わせてはる

・手形スタンプで・

子どもの手をモミジに見たてて、手形スタンプにしてもかわいいですね。

12月

ソリで届けてサンタさん

今日は待ちに待ったクリスマス。プレゼントを持ったサンタさんが夜空をソリで駆け回ります。雪の結晶はモールとオーロラシートで。キラキラしていてとってもかわいいですね。

型紙▶108ページ

製作／うえはらかずよ

素材

- 色画用紙
- 画用紙
- オーロラシート
- キラキラモール
- ひも
- リボン

作り方のポイント

＊雪＊　・光る素材で・

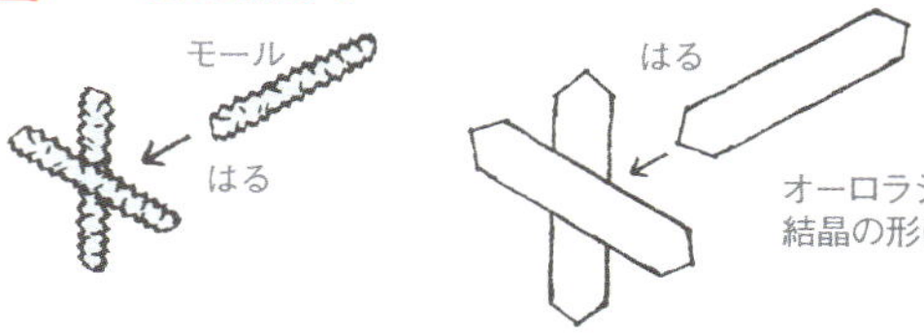

モール
はる
はる
オーロラシートを
結晶の形に切る

使える！アレンジ

＊雪＊

・画用紙と毛糸で・

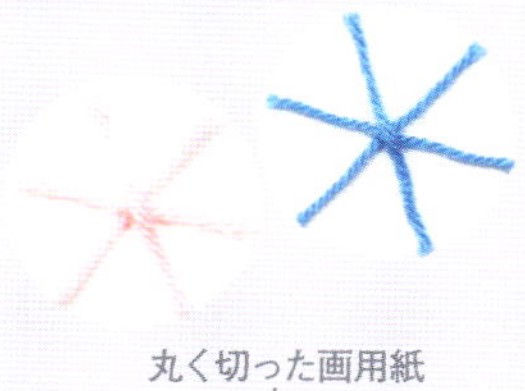

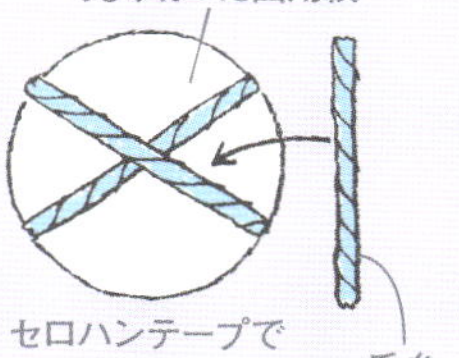

丸く切った画用紙
セロハンテープで
留める
毛糸

・毛糸のポンポンで・

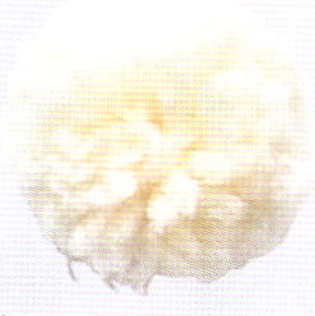

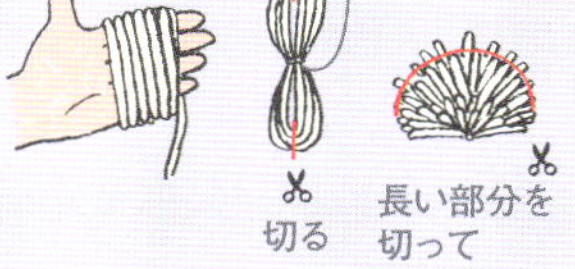

指に毛糸を
巻き付ける
中央を
縛る
切る
長い部分を
切って
形を整える

12月

リースいっぱい クリスマス

ツリーの周りにはカラフルなリースがいっぱい。リースは折り紙を丸めて作っているので、子どもたちにも簡単に作れますね。

型紙▶109ページ

製作／大橋文男

素材

・色画用紙　・折り紙　・リボン
・金モール　・画用紙

作り方のポイント

＊リース＊

・折り紙を丸めて・

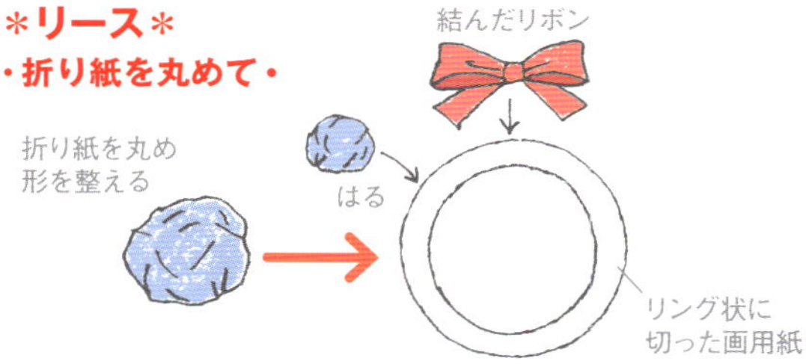

結んだリボン
折り紙を丸め
形を整える
はる
リング状に
切った画用紙

年齢別 子どもと作れるアイディア

＊リース＊

3歳

・長い紙を折って・

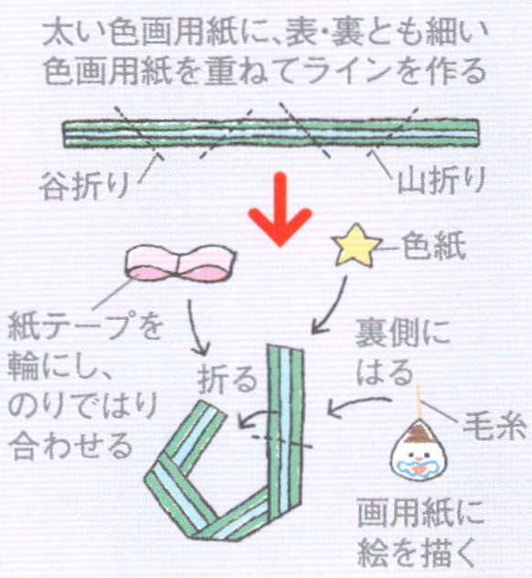

太い色画用紙に、表・裏とも細い
色画用紙を重ねてラインを作る
谷折り
山折り
色紙
紙テープを
輪にし、
のりではり
合わせる
折る
裏側に
はる
毛糸
画用紙に
絵を描く

4歳

・レースペーパーで・

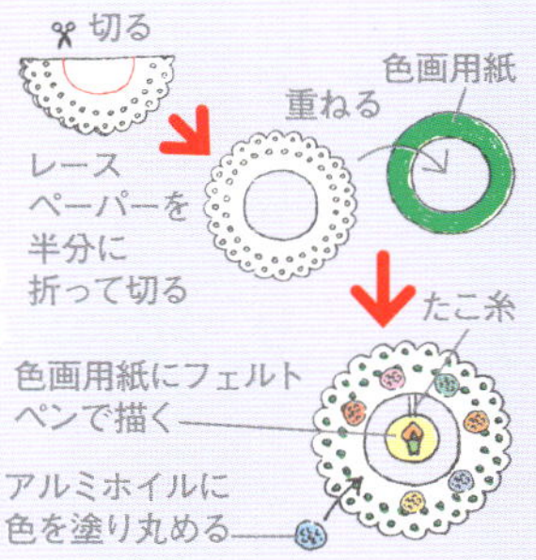

切る
色画用紙
重ねる
レース
ペーパーを
半分に
折って切る
たこ糸
色画用紙にフェルト
ペンで描く
アルミホイルに
色を塗り丸める

5歳

・色画用紙で・

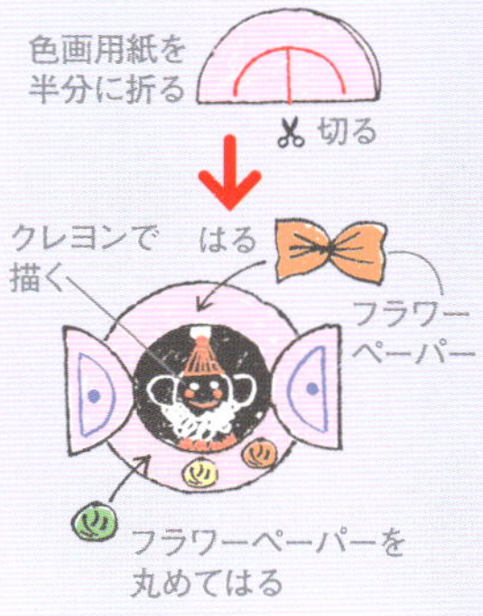

色画用紙を
半分に折る
切る
クレヨンで
描く
はる
フラワー
ペーパー
フラワーペーパーを
丸めてはる

12月

こんなプレゼントがほしいな

欲しい物が入った紙コップのプレゼントがサンタさんの袋に飾られています。バックはたんぽで雪の降るようすを表現しています。

型紙▶110ページ

製作／後藤みき

素材

- 色画用紙
- 紙コップ
- リボン
- カラーポリ袋
- 厚紙
- プチプチシート

作り方のポイント

＊プレゼント＊ ・紙コップで・

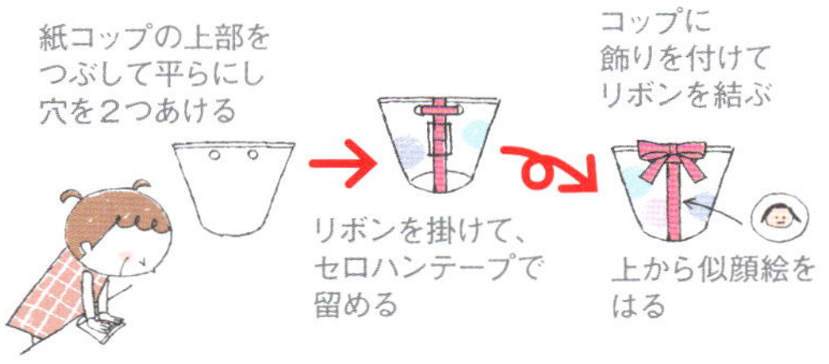
紙コップの上部をつぶして平らにし穴を2つあける
リボンを掛けて、セロハンテープで留める
コップに飾りを付けてリボンを結ぶ
上から似顔絵をはる

＊サンタさんの袋＊ ・ポリ袋で・

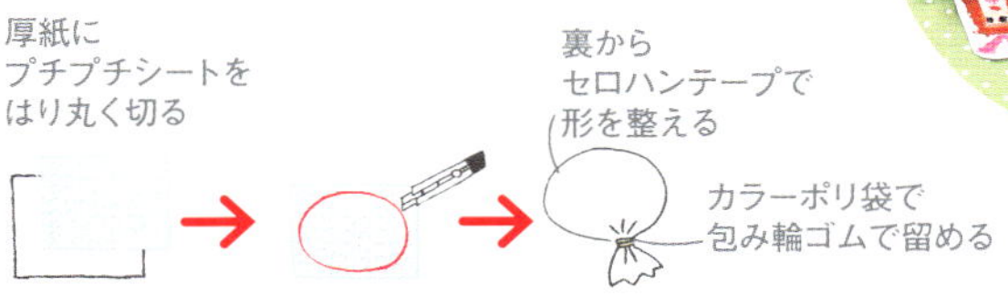
厚紙にプチプチシートをはり丸く切る
裏からセロハンテープで形を整える
カラーポリ袋で包み輪ゴムで留める

欲しい物を紙に描いて紙コップに入れ、プレゼントのようにリボンを掛けます。

12月

おいしいケーキを召し上がれ

クリスマスパーティが始まります。今日のメインディッシュはもちろんケーキ。画用紙と不織布でできたクリームが、ケーキを引き立たせます。

型紙▶110ページ

製作／ピンクパールプランニング

素材

- 色画用紙
- 不織布
- 画用紙

作り方のポイント

＊小さいクリーム＊

・画用紙で・

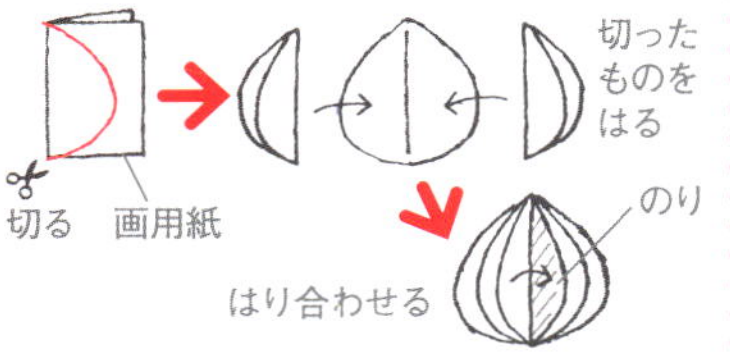
切る
画用紙
切ったものをはる
のり
はり合わせる

＊長いクリーム＊

・不織布で三つ編み・

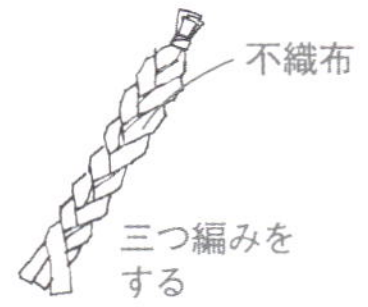
不織布
三つ編みをする

使える！アレンジ

＊小さいクリーム・長いクリーム＊

・毛糸を丸めて・

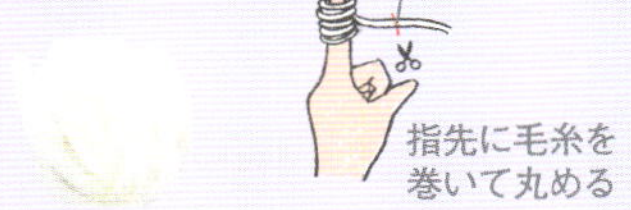
切る
指先に毛糸を巻いて丸める

・毛糸で・

結ぶ
いくつかに束ねた毛糸
三つ編みをする

・リボンで・

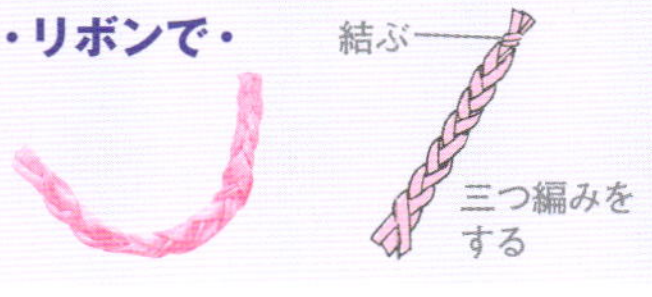
結ぶ
三つ編みをする

1月

今年もいいことありますように!!

パンチで穴をあけた厚紙に毛糸を通したり、枠だけのものに毛糸を巻いたりして絵馬をデコレーション。中央には1年のお願い事を絵や文字でかきましょう。

型紙▶111ページ

製作／むかいえり

素材

- 色画用紙
- カラー製作紙（厚紙）
- ひも
- 片段ボール
- 毛糸
- 画びょう（絵画を掛けられるもの）
- 鈴

なわとびが
うまく
なりたい
です

作り方のポイント

＊絵馬＊　・毛糸を巻いて・

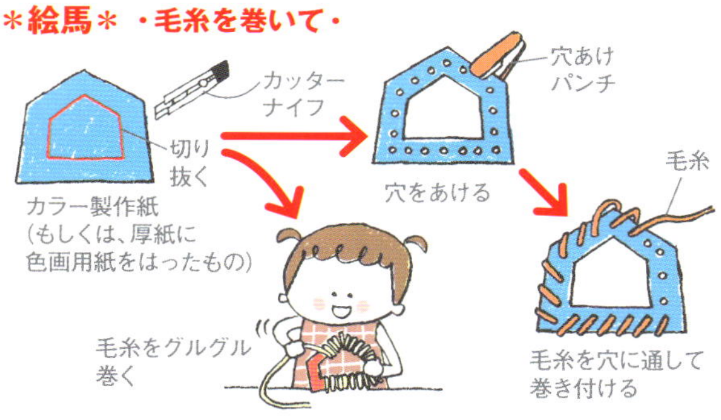

カッター
ナイフ
切り
抜く
カラー製作紙
（もしくは、厚紙に
色画用紙をはったもの）
穴あけ
パンチ
穴をあける
毛糸
毛糸をグルグル
巻く
毛糸を穴に通して
巻き付ける

絵馬を飾ったら、鈴を鳴らしてお願いしよう！

年齢別 子どもと作れるアイディア

＊絵馬＊

3歳　・野菜スタンプで・

鈴とひもを
付ける
オクラや型抜きした
野菜でスタンプ
色画用紙
画用紙に
絵を描く

もっとせがたかくなりますように
じがうまくかけますように
こまなしじてんしゃにのれるようになりたいです
えほんたくさんよみたいです

4歳 ・片段ボールで・

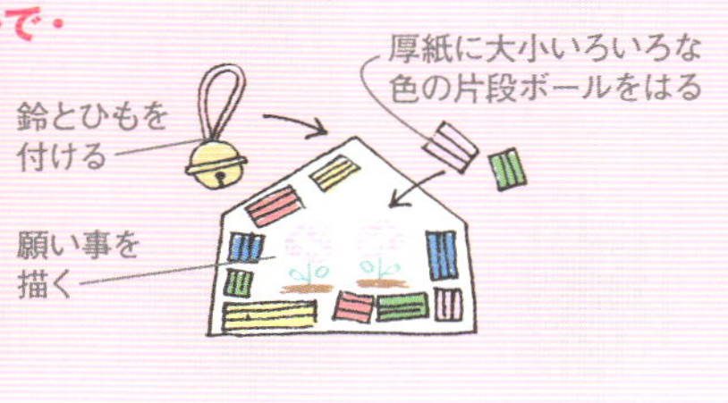
鈴とひもを付ける
厚紙に大小いろいろな色の片段ボールをはる
願い事を描く

5歳 ・段ボール＋ビーズ＋小枝で・

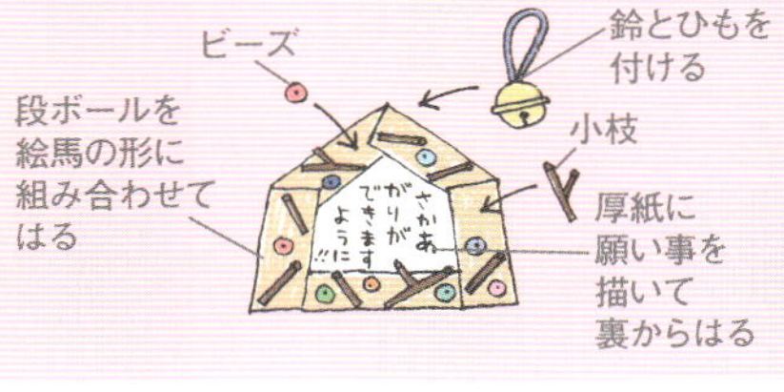
ビーズ
鈴とひもを付ける
段ボールを絵馬の形に組み合わせてはる
小枝
厚紙に願い事を描いて裏からはる
さかあがりができますように!!

1月

たこたこ天まで揚がれー！

寒さに負けず外で元気にたこ揚げをしましょう。だれのたこがいちばん揚がるでしょうか？ たこの模様はデカルコマニーで。色が混ざり合うように作ると鮮やかな模様ができあがりますよ。

型紙▶112ページ

製作／吉田朋子

素材
・色画用紙　・たこ糸
・画用紙　・紙テープ

作り方のポイント

＊たこ＊　・デカルコマニーで・

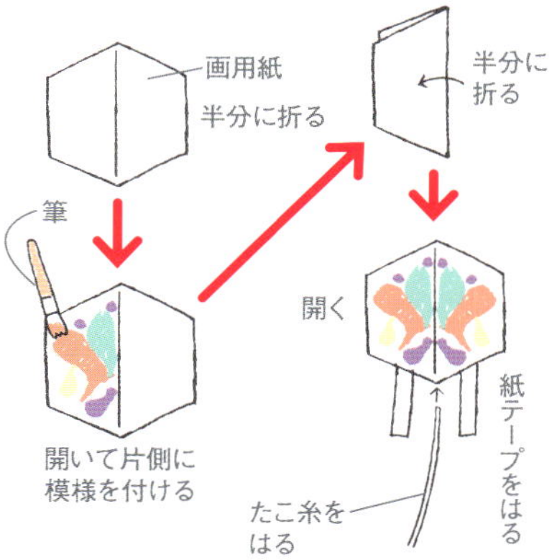
画用紙
半分に折る
筆
開いて片側に
模様を付ける
半分に
折る
開く
紙テープをはる
たこ糸を
はる

使える！アレンジ

＊たこ＊
・カラーフェルトペンで・

好きな絵を
描く

1月

ペッタン！もちつき大会

勢いよくきねを振り上げて、力持ちのクマさんたちが協力しておもちつき。ビヨ～ンと伸びるおもちの中には綿が入っていて、本物のおもちのようですね。

型紙▶112ページ

製作／ピンクパールプランニング

素材
- 色画用紙
- カラーポリ袋
- 綿
- 千代紙

作り方のポイント

＊もち＊ ・ポリ袋で・

カラーポリ袋
綿
綿をくるんで
形を整えて裏で留める

使える！アレンジ

＊もち＊ ・折り紙を丸めて・

かわいい
桜もち！

体にいい
よもぎだんご！

ピンクや黄緑の折り紙を丸めて
桜もちやよもぎだんごに

2月

あっぷっぷ鬼

森の中から、バァ～！　いろいろな表情の鬼が飛び出してきましたよ。目が変わったり、角や舌が伸びたりする愉快な鬼さんです。

型紙▶113ページ　　製作／イケダヒロコ

素材

・色画用紙
・画用紙

作り方のポイント

＊鬼＊

・目が変わる・

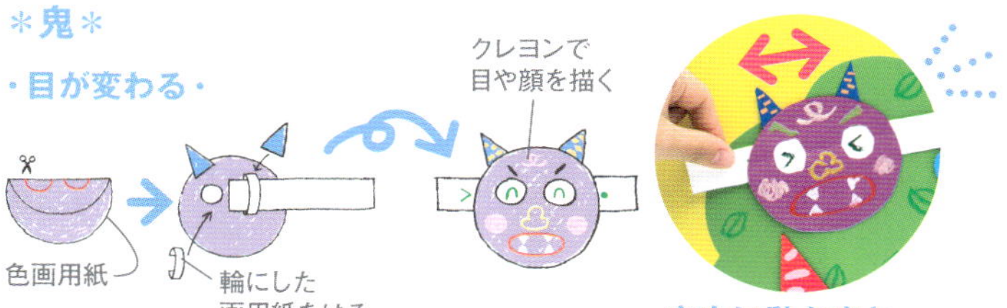
色画用紙
輪にした
画用紙をはる
クレヨンで
目や顔を描く

左右に動かすと…

・角と舌が伸び縮み・

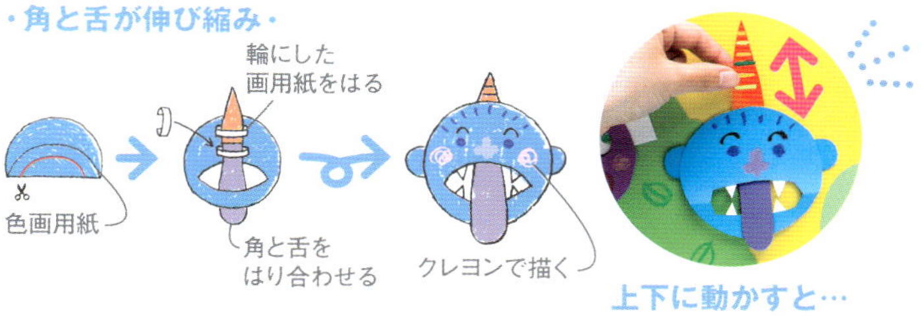
色画用紙
輪にした
画用紙をはる
角と舌を
はり合わせる
クレヨンで描く

上下に動かすと…

2月

鬼は外 福は内!

動物村の節分では、豆が盛大に飛び交います。豆をまかれた鬼たちは…あれれ、恐〜いお顔が泣き顔に。負けずに大口をあける鬼もいたりと、表情がコロコロ変わります。豆はクラフト紙を丸めると簡単に作れますね。

型紙▶113ページ

製作/むかいえり

素材
・色画用紙
・クラフト紙
・紙テープ

作り方のポイント

＊鬼＊

・口が開くしかけ・

色画用紙
のりではる
体をはり
クレヨンで
自由に描く
口の中を描く
口を
めくると…

・顔が変わるしかけ・

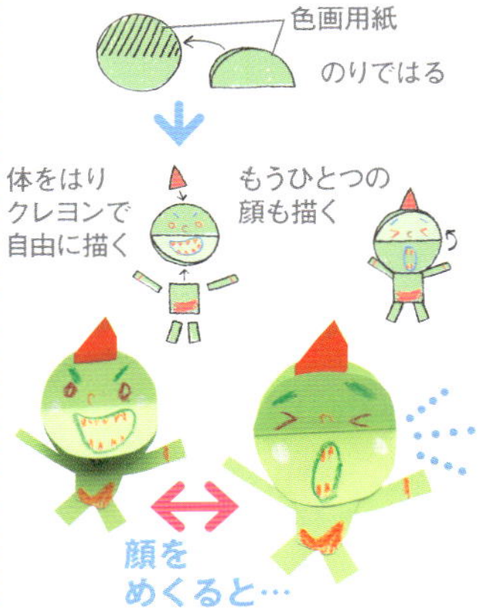
色画用紙
のりではる
体をはり
クレヨンで
自由に描く
もうひとつの
顔も描く
顔を
めくると…

年齢別 子どもと作れるアイディア

＊鬼＊

3歳 ・トイレットペーパーの芯で・

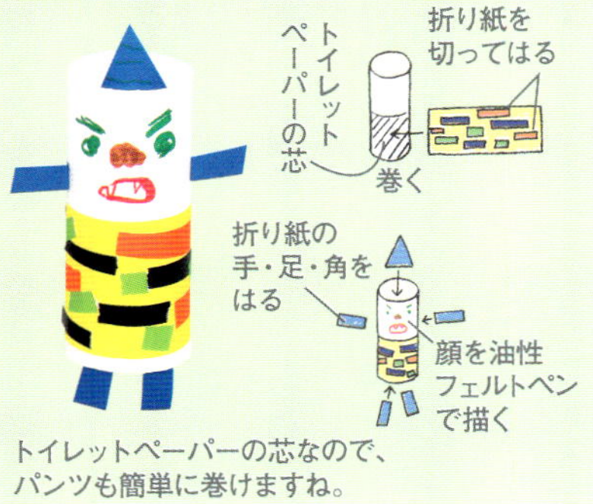
トイレットペーパーの芯
巻く
折り紙を
切ってはる
折り紙の
手・足・角を
はる
顔を油性
フェルトペン
で描く

トイレットペーパーの芯なので、パンツも簡単に巻けますね。

4歳 ・紙コップで・

透明コップ
切る
かぶせる
油性フェルトペン
で模様と顔を描く
紙コップ
テープで
はる
色画用紙を
階段折り

紙コップのパンツは取り外し可能。お友達と交換し合っても。

5歳 ・紙皿＋毛糸で・

木工用
接着剤で
顔を描き
毛糸を付ける
紙皿凸面
色画用紙
体のパーツを
のりではる

思いがけずおもしろい表情になるので、楽しみが膨らみます。

2月

元気いっぱい！野菜シチュー

野菜が飛び出す、元気もりもりシチュー♪　「何を入れる？」とお話しながら、広告紙から好きな食べ物を切り取ってはり、おいしいシチューを作りましょう。

型紙▶114ページ

製作／藤江真紀子

素材

- 色画用紙
- 広告紙

作り方のポイント

＊シチュー＊　・はり絵で・

色画用紙
広告紙の写真を
切り取る
大特価!!
はる
おやさい
ことこと…
はる
色画用紙を
なべの形に切る
ペンで模様
を描く

2月

キラキラキラ 雪の結晶

子どもたちの想像を膨らませて、雪の結晶を切り紙で作ります。白い紙を、四角や三角に折ったり縦や横に折ったり、はたまためちゃくちゃに折ったりしたものを自由に切って広げます。

型紙 ▶ 114ページ

製作／藤江真紀子

素材

・色画用紙
・白い紙
（折り紙やコピー用紙など）
・オーロラ紙　・ポンポン

作り方のポイント

＊雪の結晶＊　・切り紙で・

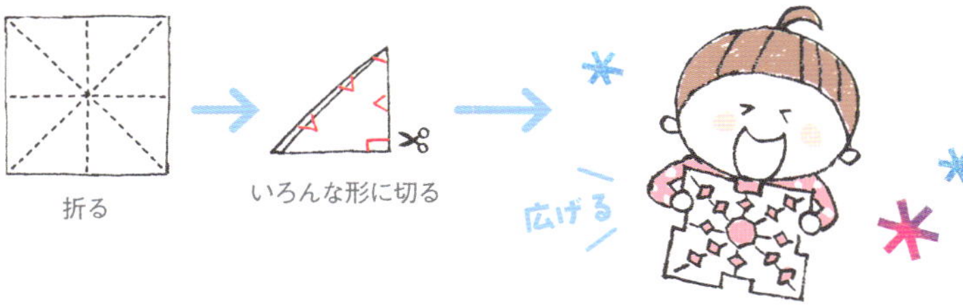
折る
いろんな形に切る
広げる

＼ほかにもいろいろな折り方で！／

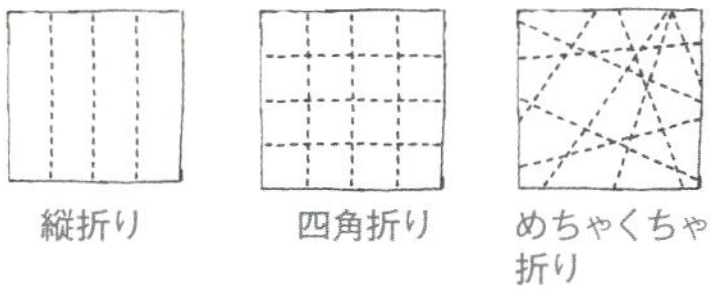
縦折り
四角折り
めちゃくちゃ折り

2月

雪ウサギの白銀世界

雪化粧をした野山に、雪ウサギたちが集まってきました。雪の丸い形を、ハサミで切ることができるかな？　ウサギはにじみ絵を円柱形にしてふんわりと。

型紙▶115ページ

製作／藤沢しのぶ

素材

・色画用紙　・画用紙　・和紙
・たこ糸　・不織布
・オーブンシート

作り方のポイント

＊ウサギ＊　・にじみ絵で・

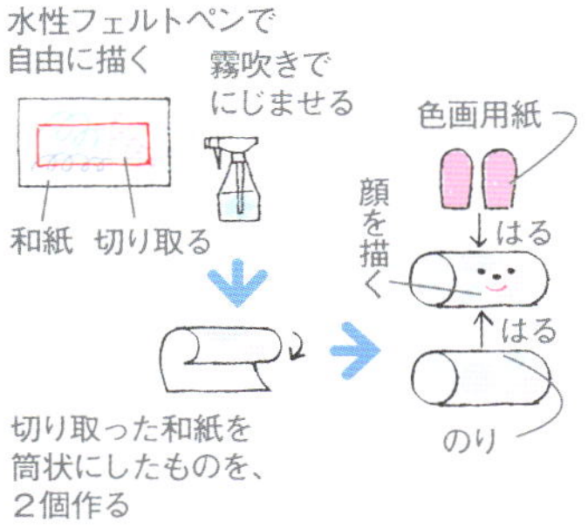
水性フェルトペンで
自由に描く
霧吹きで
にじませる
和紙
切り取る
色画用紙
顔を描く
はる
はる
のり
切り取った和紙を
筒状にしたものを、
２個作る

＊雪＊

・不織布で・

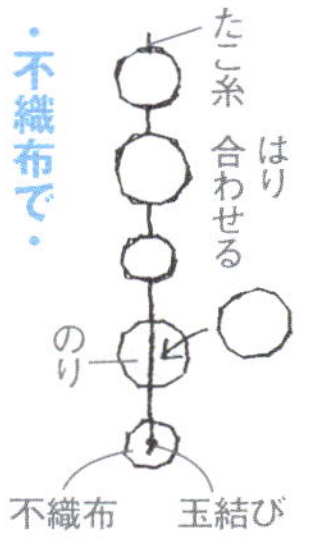
たこ糸
はり
合わせる
のり
不織布
玉結び

・オーブンシートで・

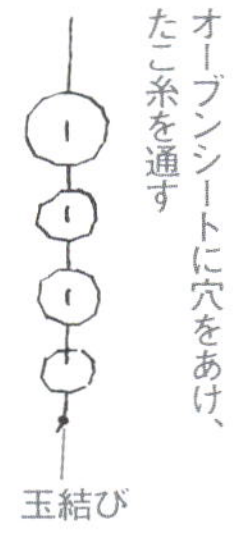
オーブンシートに穴をあけ、
たこ糸を通す
玉結び

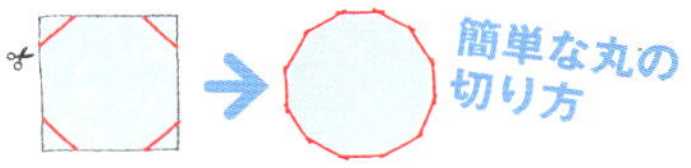
簡単な丸の
切り方

四角の紙の角を、順に切り落としていくと、簡単に丸い形が作れます。

2月

ポカポカおしゃれ手袋

たくさんのかわいい手袋。思わずどれを付けようか迷ってしまいます。手袋の模様を子どもたちが描いて、自分だけのオリジナル手袋を作ってみてもいいですね。

型紙▶115ページ　　製作／池田かえる

素材
- 色画用紙
- 毛糸
- ホログラム折り紙

作り方のポイント

＊手袋＊

・手形を切って・

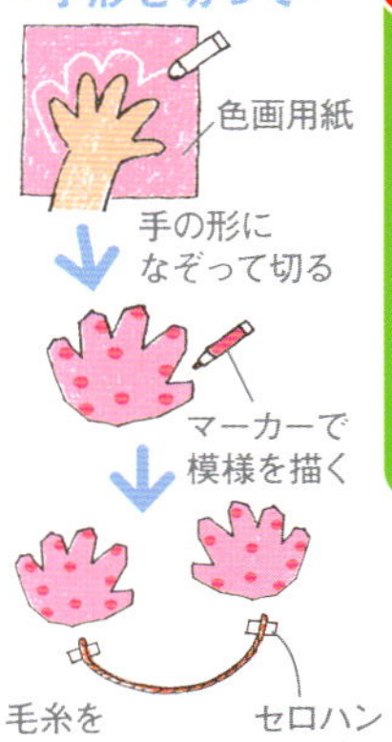
色画用紙
手の形になぞって切る
マーカーで模様を描く
毛糸を裏から留める
セロハンテープ

年齢別 子どもと作れるアイディア

＊手袋＊

3～4歳 ・指スタンプで・

色画用紙
絵の具
指スタンプをする

5歳 ・はじき絵で・

画用紙
クレヨンで好きな模様を描く
絵の具で塗る

3月

くるりん着物びな

まん丸ひな人形が紙皿のひな壇にちょこんとお座り、とてもあいらしい仲よしびなです。

型紙▶116ページ

製作／イケダヒロコ

素材
- 色画用紙
- 千代紙
- 折り紙
- 紙皿
- 不織布

作り方のポイント

＊おひなさま＊

・千代紙を輪にして・

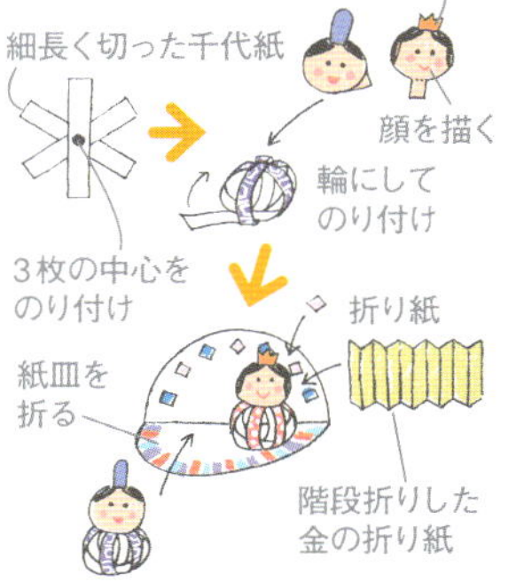
色画用紙
細長く切った千代紙
顔を描く
輪にして
のり付け
3枚の中心を
のり付け
折り紙
紙皿を
折る
階段折りした
金の折り紙

3月

モモの木に おひなさまを飾ろう！

モモの木におひなさまが大集合！　笛や太鼓の音にのって、とても楽しいひなまつりです。

型紙▶116ページ

製作／くるみれな

素材

- 色画用紙
- 両面折り紙
- 千代紙
- 和紙
- 紙皿
- モール
- フラワーペーパー
- 画びょう

作り方のポイント

＊おひなさま＊　・両面折り紙で・

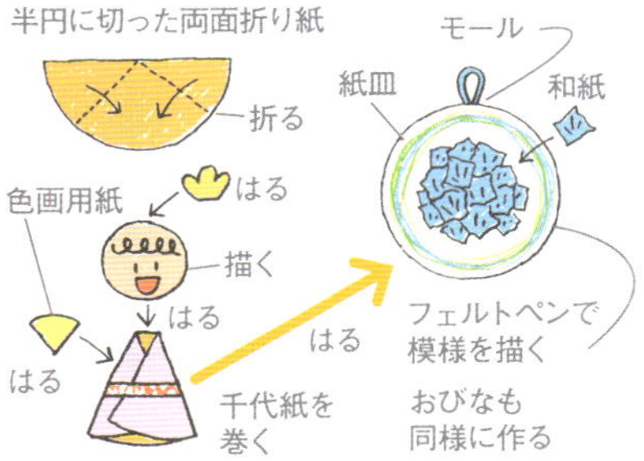

半円に切った両面折り紙
折る
色画用紙
はる
描く
はる
はる
はる
千代紙を巻く
モール
紙皿
和紙
フェルトペンで模様を描く
おびなも同様に作る

年齢別 子どもと作れるアイディア

＊おひなさま＊

3歳　・空き容器で・

ペンで顔を描く
内側からはる
乳酸菌飲料などの空き容器
ちぎった折り紙や
千代紙をはる

4歳　・にじみ絵で・

和紙にフェルトペンで
模様を描く
霧吹きで
にじませる
のりで
はる
色画用紙

5歳　・切り紙で・

折り紙（半分）
折って切る
はる
金の折り紙
色画用紙
丸めて顔を挟む

3月

タンポポブランコ♪

鳥さんたちが運んでくれたブランコに乗って、新しいクラスへ！　タンポポの素材を変えて作ると、いろいろな表情になりますよ。

型紙▶117ページ

製作／藤江真紀子

素材
・色画用紙　・ひも
・スズランテープ　・和紙ひも

作り方のポイント

＊タンポポ＊

・色画用紙で・

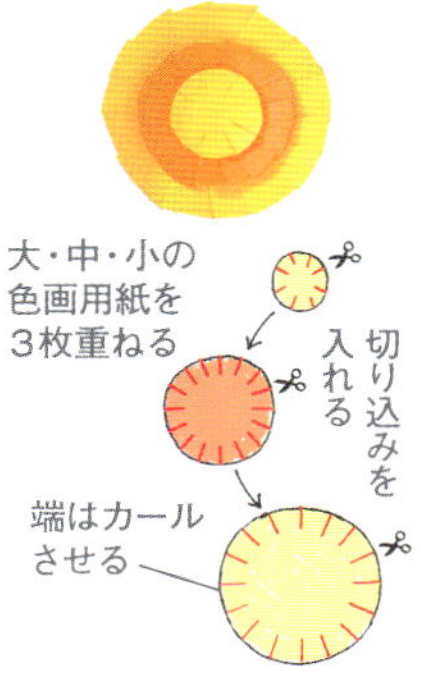
大・中・小の
色画用紙を
3枚重ねる
切り込みを
入れる
端はカール
させる

・スズランテープで・

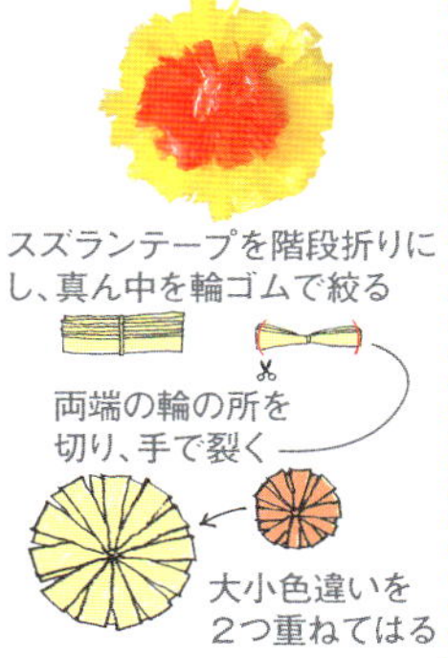
スズランテープを階段折りに
し、真ん中を輪ゴムで絞る
両端の輪の所を
切り、手で裂く
大小色違いを
2つ重ねてはる

・ひもをほぐして・

ひもを短く切って、
ほぐしてから台紙にはる
台紙に
のりを
塗っておく

しんきゅう おめでとう

もうすぐ
１ねんせい
はっぴょうかい
しんきゅう
おもいで
いっぱい
うんどうかい
ぷーる
さくらぐみ

3月

思い出観覧車

1年の思い出を観覧車に乗って振り返ります。観覧車の文字は自分のクラスや行事に合わせて書きかえましょう。

型紙▶118ページ

製作／鳥生美幸

素材

・色画用紙
・モール
・フラワーペーパー

作り方のポイント

＊周りの飾り＊

・モールで音符・

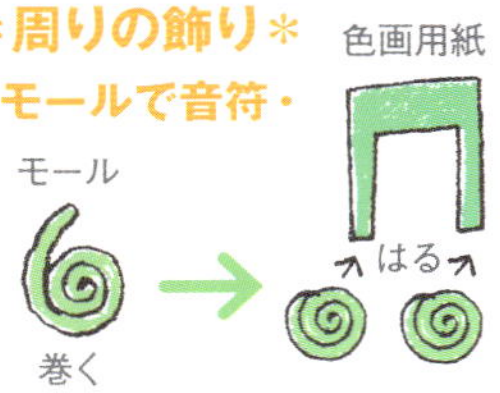
色画用紙
モール
巻く
はる

使える！アレンジ

＊周りの飾り＊　・写真を並べて・

おもいで
いっぱい
さくらぐみ

周りに思い出の写真を並べてはってみるのもいいでしょう。

3月

プカプカ風船に乗って卒園おめでとう！

カラフルな風船に乗って、幼稚園や保育園を旅立ちます。大きな虹もみんなの卒園をお祝いしているようですね。虹のスズランテープは、はるときにしわになりやすいので気をつけましょう。

型紙▶119ページ

製作／うえはらかずよ

素材

- 色画用紙
- スズランテープ
- キラキラモール
- リボン
- ひも

作り方のポイント

＊風船＊ ・キラキラモールで・

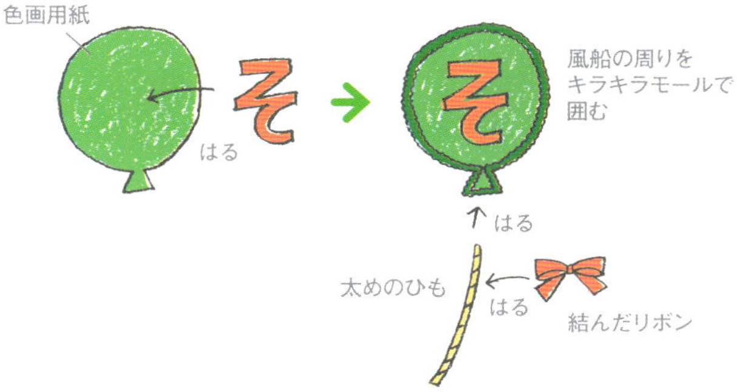
色画用紙
そ
はる
そ
風船の周りを
キラキラモールで
囲む
はる
太めのひも
はる
結んだリボン

＊虹＊ ・スズランテープで・

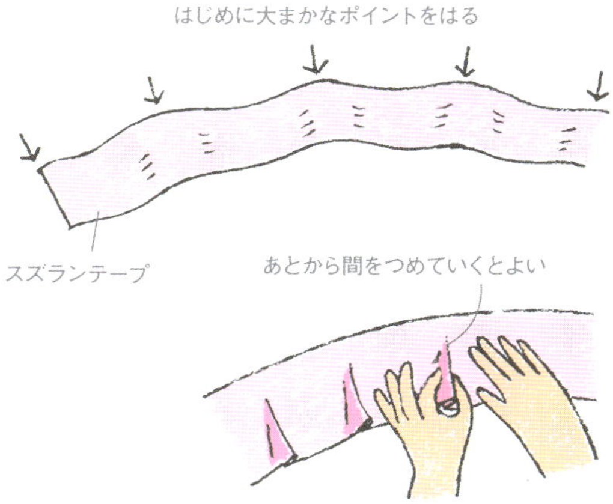
はじめに大まかなポイントをはる
スズランテープ
あとから間をつめていくとよい

そ
お

つえん
めでとう

誕生表

ケーキのおうちでケーキをぱくり！

誕生日といえばやっぱりケーキ！　誕生月になると、ケーキのおうちでケーキのおもてなし。おいしいケーキをいただきます！

型紙▶120ページ　　キャラクター案／はらちえこ　製作／京田クリエーション

素材　・色画用紙

作り方のポイント

＊動物・お菓子＊　・差し込めるしかけ・

動物の胴と足が
入る幅で折る
折り曲げたところに
動物を入れる
谷折り
山折り
テーブル
テーブル

テーブルのところがポケットになっていて、差し込めます。誕生月のお菓子はおうちの端へ移動。

2
まちこ
ちか
みき
こうたろう
1
まいこ
ごろう
12
まき
たくや
11

ともこ
りょうた
5
みほ
さゆり
ゆうた
さおり
しょうた
6
おたんじょうびおめでとう
4
たかし
えりな
7
10
えりな
さき
ともき
まお
みき
9
8
りょうま
さき

ニッコリ窓から おめでとう

動物さんたちがおうちから顔を出し、子どもたちをお祝いします。誕生月のおうちには旗を立てていきましょう。

型紙▶121ページ

製作／マメリツコ

素材

・色画用紙
・フラワーペーパー
・リボン

作り方のポイント

＊おうち＊
・窓が開くしかけ・

4
かんだ いずみ

色画用紙を切り、開くことでやや立体感が出ます。

使える！アレンジ

＊おうち＊　・おうちを並べ替えて・

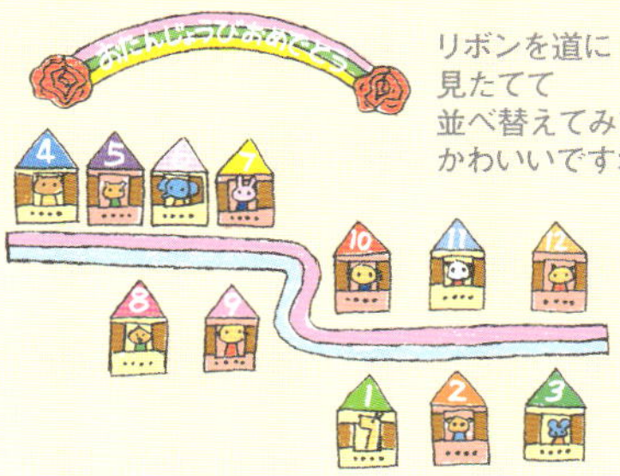

リボンを道に見たてて並べ替えてみてもかわいいですね！

おたんじょうびおめでとう
おめでとう
4
かんだ いずみ
5
ゆはら ごう
6
ちかい ともすけ
みた りおん
7
はせべ りこ
8
つるの ももか
いまい りりか
9
さかた りょう
こいけ みく
10
ふかつ しんご
11
きよた ねね
うえの みずほ
12
あいかわ こう
1
なかい ちほ
2
こいずみ まい
3
きむら だいご

誕生表

バースデーフラワーリース

季節の花を持った動物さんたちにお祝いしてもらいましょう。12か月の草花がとてもにぎやかです。

型紙▶122ページ

製作／吉村亜希子

素材

- 色画用紙
- 片段ボール

作り方のポイント

＊フラワーリース＊ ・片段ボールで立体感・

草花のバックは緑色のリースに。片段ボールでより立体感が出ます。もちろん色画用紙にしてもOKです。

使える！アレンジ

＊フラワーリース＊ ・パズルのように並べ替えて・

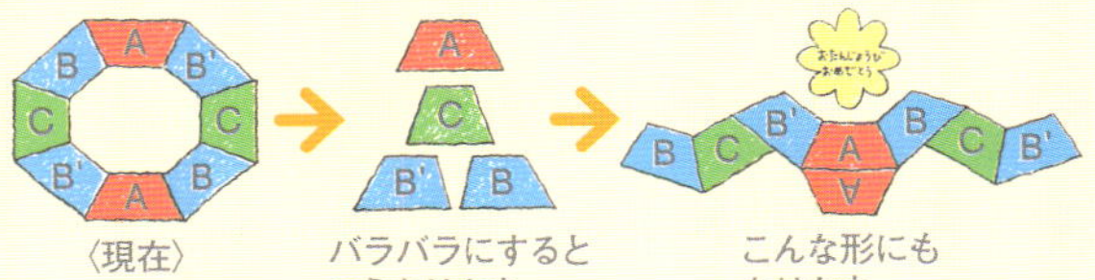

〈現在〉
B'はBを裏返した形と同じ

バラバラにするとこうなります

こんな形にもなります

ほかの並べ方も試してみましょう♪

2
ゆうと
めい
3
かな
もえ
けんた
5
しゅん
ほのか
まい
1
あやか
えいた
おたんじょうび
おめでとう
6
ゆな
こうき
12
そうすけ
りく
あかり
4
はると
みゆ
7
れん
だいき
11
ゆな
のぞみ
10
まお
しょう
9
ゆい
さき
そうま
8
ようた
なみ

誕生表

みんな大好き！ラブリーフルーツ

お誕生月になったらウサギさんとご対面！　おめでとうの気持ちでいっぱいです。

型紙▶123ページ

製作／吉田朋子

素材
- 色画用紙
- モール

作り方のポイント

＊果物＊

・モールで動きをつけて・

手足をモールにすると、
自由に動かせ
かわいい表情が出ます。

使える！アレンジ

＊果物＊　・数を増やして・

果物ひとつずつに子どもの名前を書くと
さらににぎやかになりますね。

誕生表

風船気球に乗って

たくさんの風船が付いた気球に乗って誕生日をお祝いします。お花の顔はカラーポリ袋でできていて、壁面のアクセントとなっています。

型紙▶124ページ

製作／降矢和子

素材

- 色画用紙
- カラーポリ袋
- モール
- 綿
- 厚紙

作り方のポイント

＊花＊　・ポリ袋で立体感・

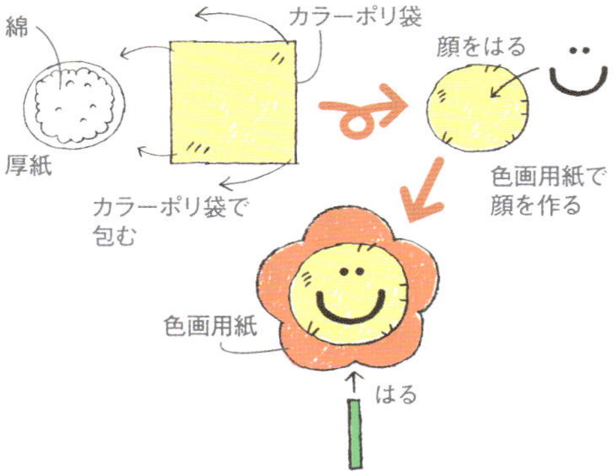
綿
厚紙
カラーポリ袋
カラーポリ袋で
包む
顔をはる
色画用紙で
顔を作る
色画用紙
はる

4がつ
みずき
あすか
5がつ
つばさ
えつこ
6がつ
まい
7がつ
ゆり
あさみ
8がつ
りょう
ともみ
10がつ
すみれ
こうた
11がつ
ちかこ
12がつ
ゆうや
みお
1がつ
りん
2がつ
みはる
しゅん
9がつ
みか
3がつ
まさひろ
りな
おたんじょうび
おめでとう

季節列車で出発！

季節を取り入れて、かわいい列車が出発進行!!

型紙▶125ページ

製作／藤江真紀子

素材

・色画用紙

作り方のポイント

＊列車＊
・色画用紙で・

12車両とも同じ形なので重ね切りができます。

使える！ アレンジ

＊列車＊
・自画像を取り入れて・

子どもたちの自画像を取り入れてもいいですね！

じょうび おめでとう
7
せいや
みき
8
すず
だいき
9
ゆうき
ひろ
10
りん
まろん
11
ありす
しんじ
12
まりか
かいと
1
かおる
あきら
2
ふみや
ゆき
3
もも
きりや

ともや
11
10
りょう
さや
2
しょうた
ひろや
まい
3

誕生表

飛び出せ！キャンディーボックス

いろいろなキャンディーが箱から飛び出して誕生日を教えてくれます。周りにはカラーセロハンでできたキャンディーが散らされているのがポイントです。

型紙▶126ページ

製作／田中なおこ

素材

・色画用紙　・カラーセロハン
・キラキラテープ　・リボン　・綿

作り方のポイント

＊キャンディー＊　・カラーセロハンで・

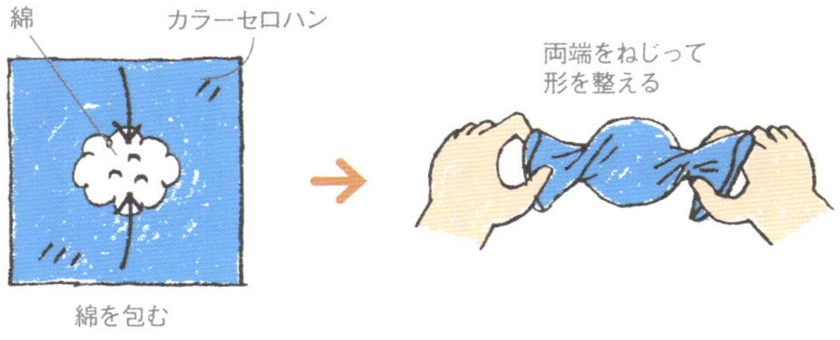
綿
カラーセロハン
綿を包む
両端をねじって
形を整える

誕生表

バースデーロケット発射

誕生月がくると、宇宙飛行士がお祝いに駆けつけます。

型紙▶127ページ

製作/くるみれな

素材

・色画用紙

作り方のポイント

＊ロケット＊ ・名前の書き方ひと工夫・

転入園児のことを考えて

年度途中で転入園児が入ってきたときに、名前を追加できるようにしておきましょう。名前を描くスペースを空けておくと作り直す必要はありませんね。

使える!アレンジ

＊ロケット＊ ・月の並べ方ひと工夫・

月がめぐることを知らせる

例えば5歳児には、年度は4月から始まり、3月になったらまた4月に戻ってくることを知らせるために、上のように円を描くように月を並べます。

数字がひとつずつ増えることを知らせる

3・4歳児には、ひと月がたつごとに、数字がひとつずつ増えていくことを意識してもらうために、下のように月を横に並べるなどの工夫をしてもいいですね。

かんたん！　じょうずな壁面の作り方
裏ワザ×11 コツ×5 小ワザ×4

使える裏ワザ
盛りだくさん♪

壁紙製作の基本から応用までを紹介しています。必要なところから、参考にしてください。 → 基本編1〜5＋裏ワザその1〜裏ワザその11
応用編1〜3＋コツ1〜コツ5＆小ワザ1〜小ワザ4

監修：十亀敏枝　協力：池田かえる

基本編1 型紙を作る

作りたい壁面が決まったら、型紙を用意します。まずはP.86〜P.127から必要な型紙を原寸でコピーします。そして、おおよその拡大率を計算しましょう。

必要なのは
Ⓐ〜Ⓓの
4つのサイズ。

Ⓐ壁面を飾る場所の長さ
（例）180cm
Ⓑ作品写真の横の長さ（例）20cm
Ⓒ作品写真のパーツの長さ（例）4cm
原寸コピー
Ⓓ型紙のページのパーツの長さ（例）8cm

拡大率の公式　（Ⓐ壁面を飾る場所の長さ ÷ Ⓑ作品写真の横の長さ）×（Ⓒ作品写真のパーツの長さ ÷ Ⓓ型紙のページのパーツの長さ）

上記の例でいうと、
(180÷20)×(4÷8)=4.5倍
つまり、**450%のコピーをとります。**

1つのパーツの拡大率を出したら、あとはすべて同じ倍率でコピーをとりましょう。

※ここでは本誌掲載の壁面と同じ縦横の比率で作る場合の拡大率の出し方を示しています。

裏ワザ その1 倍率が大きすぎるときは？（端数は四捨五入）

1回で大きな倍率のコピーがとれないときは2回に分ける。

（例）
300%=150%×200%
400%=200%×200%
450%=150%×150%×200%

裏ワザ その2 1枚の用紙に入らないときは？

1枚のコピーで入らないときは・・・

CUT
ZOOM
BIG

❶ 原寸でコピーをとり、型紙を切り分けます。

❷ それぞれを拡大コピーします。

❸ それをセロハンテープでつなぎ合わせれば完成！　線の上にセロハンテープをはらないよう気をつけましょう。

1つのパーツの作りたい大きさが具体的に決まっているときは、

作りたいパーツの長さ ÷ Ⓓ型紙ページのパーツの長さ

で拡大率を出しましょう。
パーツだけを生かして配置のしかたを考えて飾るとよいでしょう。 P.83基本編5をCHECK ▶▶

基本編 2 型紙を色画用紙などに写す

作りたい大きさの型紙ができたら、色画用紙などに写していきましょう。

それぞれのパーツごとに色画用紙を下に置き、芯を出さないシャープペンシルなどでなぞって跡をつけます。

裏ワザ その3 同じ形のものはまとめて

耳や手足など、同じ形や左右対称のものは、1つだけなぞり、「裏ワザその5」のまとめ切りをしましょう。

P.82裏ワザその5を CHECK ▶▶

※コピーした型紙は切り取らないで使います。

あまり強くなぞると、
コピーした紙が破れて
しまうので注意しましょう。

このとき重なりの下になるパーツにのりしろを付けることを忘れずに！

裏ワザ その4 のりしろを忘れてもだいじょうぶ

のりしろを忘れたら・・・
余っている紙でOK！

裏から紙を足せばだいじょうぶ。
セロハンテープなどで留めましょう。

基本編 3 色画用紙などを切る

型紙から写した形を切り出します。ハサミのじょうずな使い方をご紹介します。

チョキチョキと細かく切るより、ハサミの刃の根元まで紙を入れてジョ～キジョ～キと切るほうがきれいに切れます。左手で紙を回しながら（ハサミのほうを回さない）ハサミを滑らせるように根元まで入れて切り進みましょう。

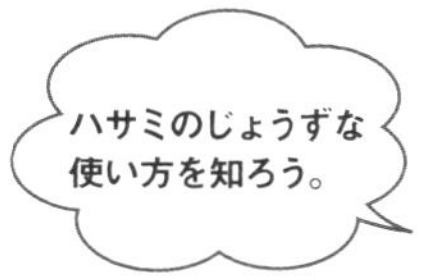
ハサミのじょうずな
使い方を知ろう。

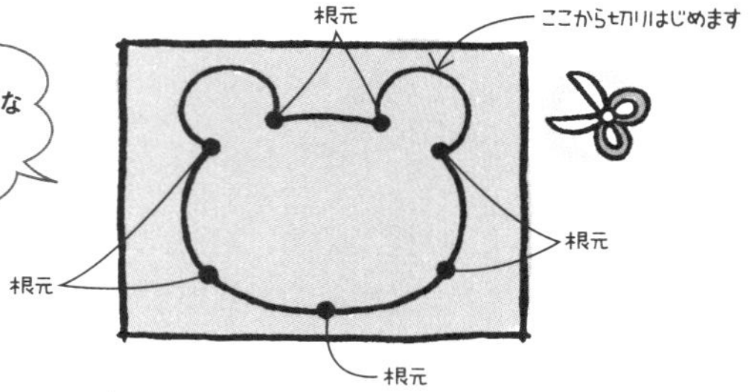
根元
ここから切りはじめます
根元
根元
根元

裏ワザ その5 まとめ切りでかんたんに

耳や手足など同じ形や左右対称のものは色画用紙を重ね、ホッチキスで留めてまとめて切ります。

さらに多いときは… P.84応用編2のコツ3を CHECK ▶▶

切り終わったら…

裏ワザ その6 キャラクターごとに分けて

型を取った色画用紙はキャラクターごとに分けて空き箱などに入れましょう。細かいパーツもなくすことなく、組み立てのときに便利です。

クマ
ウサギ

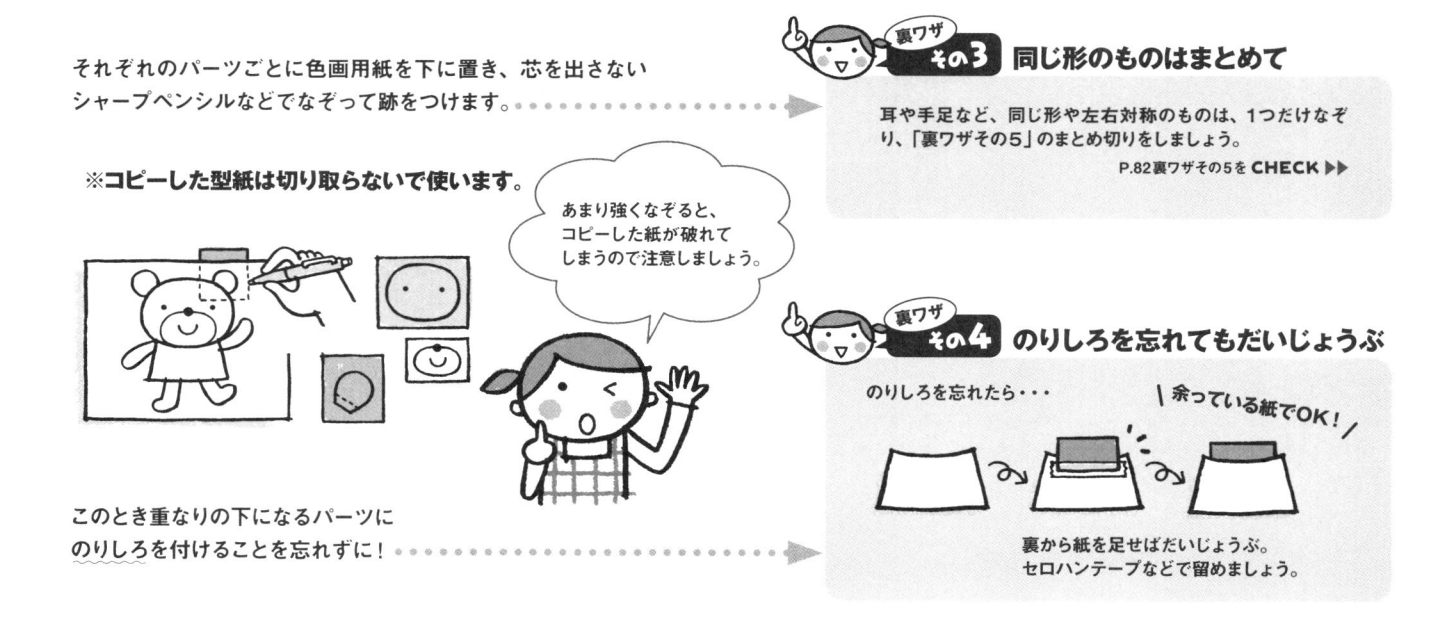

基本編 4 各パーツを組み合わせる

型紙を参考にしながら、各パーツを組み合わせます。小さいパーツから始めましょう。

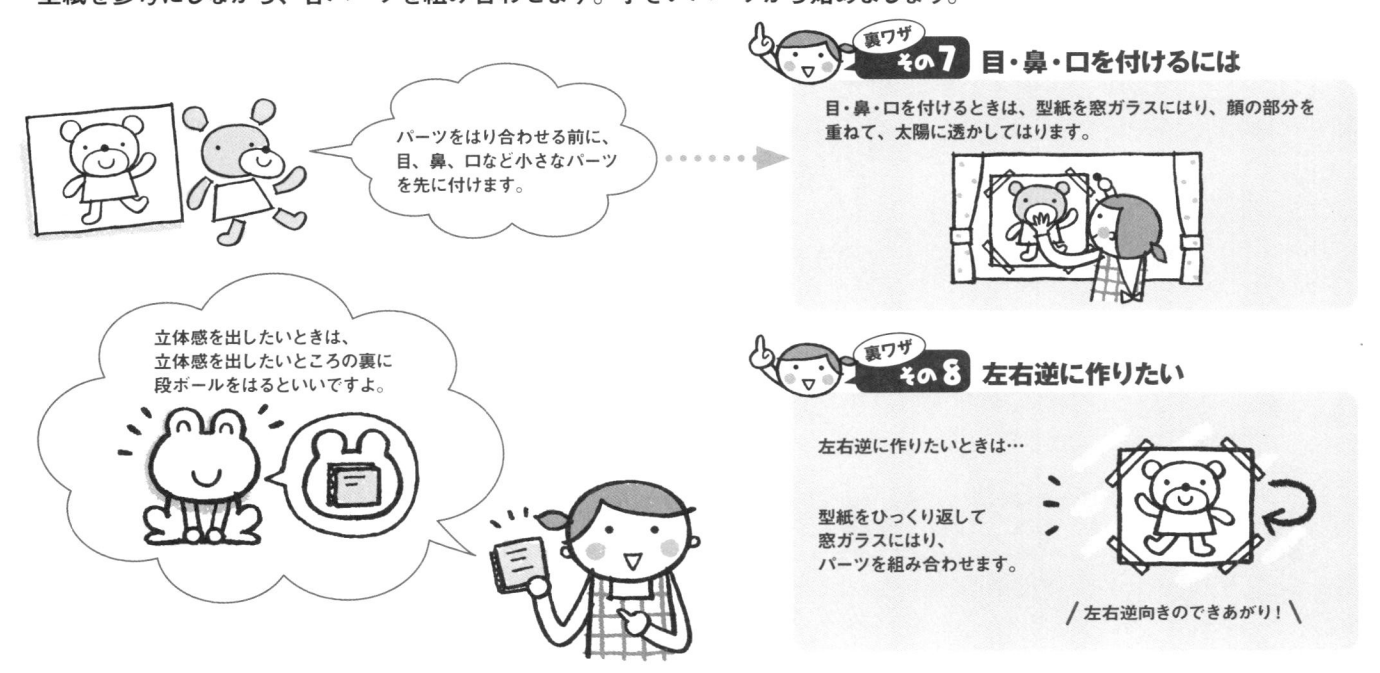

パーツをはり合わせる前に、目、鼻、口など小さなパーツを先に付けます。

裏ワザ その7 目・鼻・口を付けるには

目・鼻・口を付けるときは、型紙を窓ガラスにはり、顔の部分を重ねて、太陽に透かしてはります。

立体感を出したいときは、立体感を出したいところの裏に段ボールをはるといいですよ。

裏ワザ その8 左右逆に作りたい

左右逆に作りたいときは…

型紙をひっくり返して窓ガラスにはり、パーツを組み合わせます。

左右逆向きのできあがり！

基本編 5 壁面を飾る

できあがった素材を組み合わせて、壁面をしあげます。できあがりの写真をよく見て、背景から順にはっていきましょう。

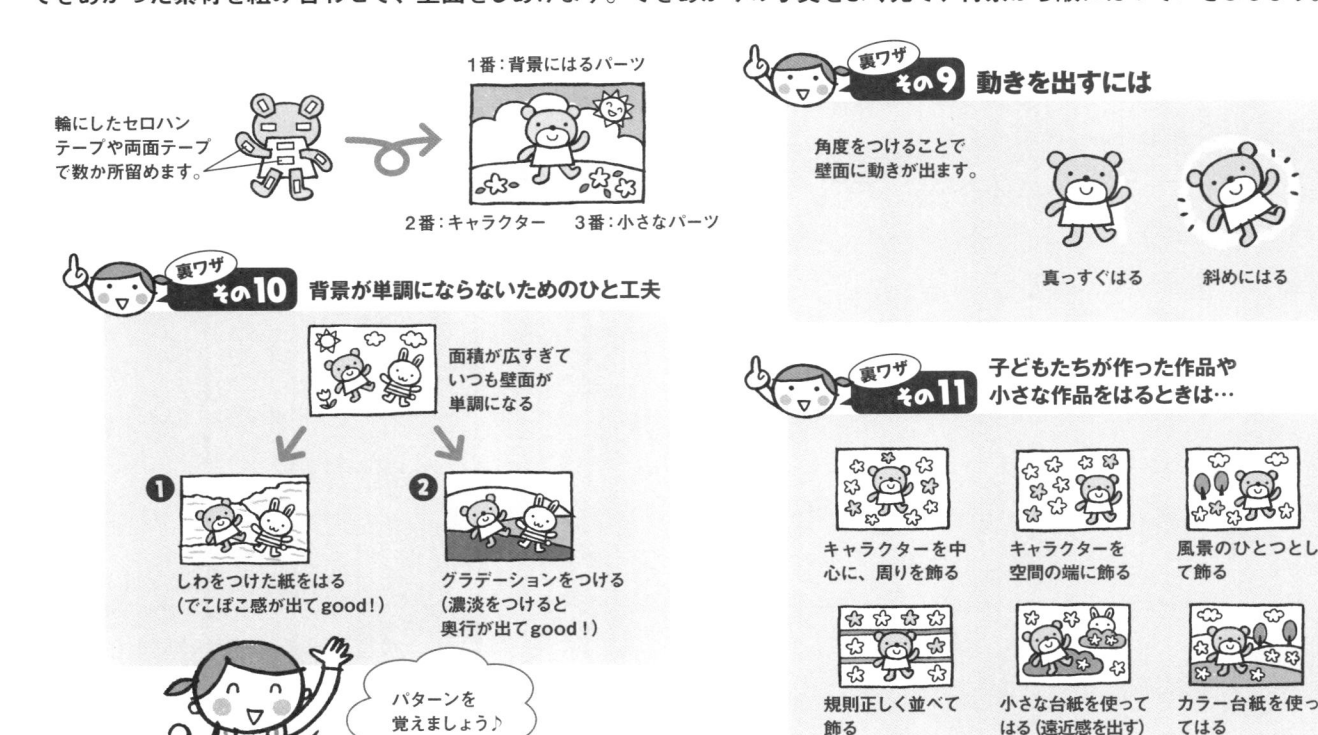

輪にしたセロハンテープや両面テープで数か所留めます。

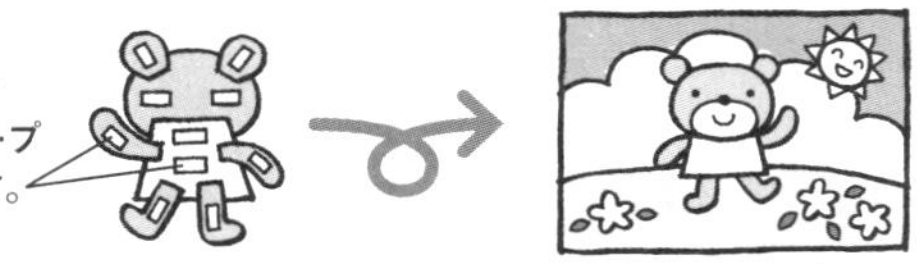

1番：背景にはるパーツ

2番：キャラクター　3番：小さなパーツ

裏ワザ その9 動きを出すには

角度をつけることで壁面に動きが出ます。

真っすぐはる　斜めにはる

裏ワザ その10 背景が単調にならないためのひと工夫

面積が広すぎていつも壁面が単調になる

❶ しわをつけた紙をはる（でこぼこ感が出てgood！）

❷ グラデーションをつける（濃淡をつけると奥行が出てgood！）

パターンを覚えましょう♪

裏ワザ その11 子どもたちが作った作品や小さな作品をはるときは…

キャラクターを中心に、周りを飾る

キャラクターを空間の端に飾る

風景のひとつとして飾る

規則正しく並べて飾る

小さな台紙を使ってはる（遠近感を出す）

カラー台紙を使ってはる

応用編 1 早く作るには同じ作業をまとめて行なう！

同じ作業はまとめて行なうことで、作業時間を短縮しましょう。

原寸コピー
拡大コピー
拡大コピー
拡大コピー
型をとる
型をとる
型をとる
切る
切る
切る
組み立てる
組み立てる
組み立てる

❶ 必要なコピーをとる　❷ 型をとる　❸ 切る　❹ 組み立てる

応用編 2 早くたくさん作るためのコツ

ちょっとしたアイディアで、すばやくたくさんのものが作れます。まとめ切りや便利な道具などを有効活用しましょう。

コツ1 左右対称

花や葉、チョウチョウなど左右対称のものは、
半分に折って切りましょう。

広げる

コツ2 細かいパーツ

目やほっぺなどの細かいパーツは丸シールを使うと便利です。

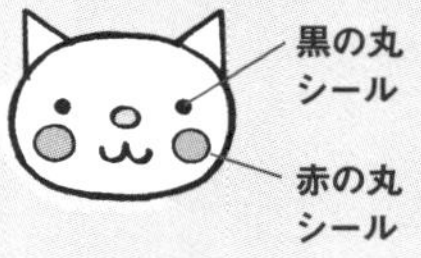
黒の丸シール
赤の丸シール

白と黒のシールを組み合わせてもかわいいですよ！

コツ3 まとめ切り必須アイテム

色画用紙を細長くしっかり折ります。

3枚重ねた状態のものに型紙を写した色画用紙を重ねます。

なんと！　一度に16枚できる！

ホッチキスで留めて切ります。

コツ4 クラフトパンチを有効活用

星や花、丸や音符など、さまざまな形を抜くことができます。

Eco!

少しのスペースがあれば型取れるので、色画用紙の切れ端などでたくさん作れます。

コツ5 小分けにしてストック

細かいパーツなども
なくならないようにまとめて保存しましょう。

よく使う型紙は厚紙にして保存！

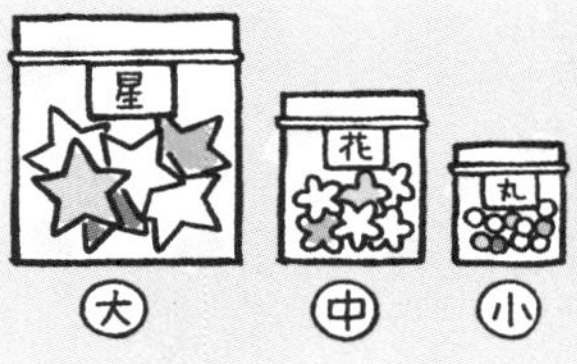
星
花
丸
大
中
小

ファスナー付きポリ袋などに分けてストックしておくと便利です。

応用編 3 使える小ワザ

ちょっとした工夫で、壁面が豪華に見えることも。小ワザを覚えて、壁面に動きをつけましょう。

小ワザ1 階段折りで立体感

葉や羽など、ちょっと立体感を出したいときは
階段折りをしましょう。

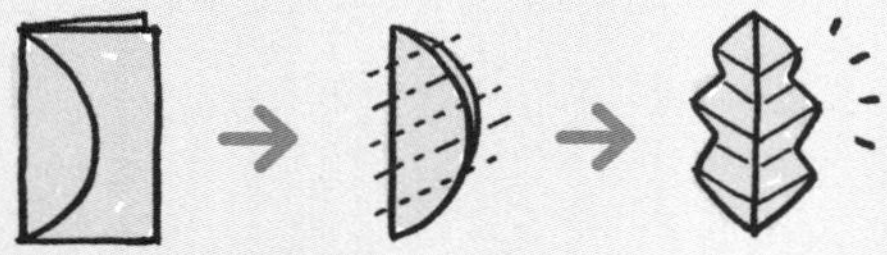

葉の形を切る → 階段折りをする → 完成！

小ワザ2 端に膨らみを持たせる

花びらに膨らみがあると、それだけで立体感が出ます。

・用意するもの
肉などが入っている
スチレン皿とボール
ペンのふた。

スチレン皿に乗せてペンのふたの部分でこすると紙に丸みが出ます。

壁にはるときは、膨らみをつぶさないように。

この2つの用法を使った壁面　P.24を CHECK ▶▶

小ワザ3 切り紙を有効活用

切り紙は簡単にいろいろな形が作れて、見た目を華やかにさせる魔法のアイテム！
切り紙を使用している壁面をCHECKして、作り方を覚えましょう。

花の切り紙…P.10を CHECK ▶▶
雪の結晶の切り紙…P.63を CHECK ▶▶

小ワザ4 切れ端が出たら

色画用紙の切れ端は、壁面を作るうえでどうしても出てしまいます。

そんなときは…

❶ 細かいパーツのまとめ切り用にストック

なるべく四角に整えておく。

大きさごとにまとめて、箱や封筒などに収納しておきましょう。

❷ 子どもたち用に使う

子どもたちが、
自由に製作して遊ぶ。

子どもたちにも、紙をむだにしないよう伝えましょう。

これであなたも
壁面マスター！

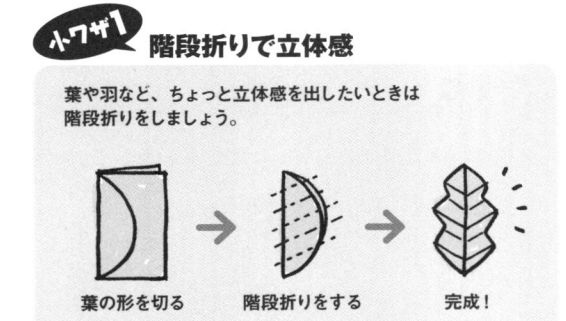

かんたん！ かわいく作れる

便利な型紙

本書紹介の４月～３月の壁面、誕生表のすべての型紙を掲載しています。それぞれの園に合わせて、拡大率を調整してコピーをしてお使いください。詳しい型紙の使い方は、P.81～P.85の「かんたん！じょうずな壁面の作り方　裏ワザ×11 コツ×5 小ワザ×4」に紹介していますので、ご覧ください。

P.6-7 4月 サクラの汽車で出発進行！

P.8 4月 チューリップからこんにちは

P.9 4月 にっこり！　入園おめでとう

●それぞれの園に合わせて、拡大率を調整してコピーをしてお使いください。詳しい型紙の使い方については、P.81～P.85をご覧ください。

P.10-11 4月 お花が咲いたよ、うれしいな

 ●それぞれの園に合わせて、拡大率を調整してコピーをしてお使いください。詳しい型紙の使い方については、P.81～P.85をご覧ください。

P.12 4月 チョウチョウが出てきたよ！

P.13 4月 雲の上のふわふわブランコ

●それぞれの園に合わせて、拡大率を調整してコピーをしてお使いください。詳しい型紙の使い方については、P.81～P.85をご覧ください。

P.14-15 5月 プカプカこいのぼりバス

●それぞれの園に合わせて、拡大率を調整してコピーをしてお使いください。詳しい型紙の使い方については、P.81～P.85をご覧ください。

P.16-17 5月 イチゴたくさん摘めるかな？

P.18 5月 お山の上でピクニック

P.19 5月 クローバーに囲まれて

●それぞれの園に合わせて、拡大率を調整してコピーをしてお使いください。詳しい型紙の使い方については、P.81～P.85をご覧ください。

P.20-21 6月 くるくる　カラフルカタツムリ

●それぞれの園に合わせて、拡大率を調整してコピーをしてお使いください。詳しい型紙の使い方については、P.81～P.85をご覧ください。

P.22 6月 ポッツンザーザー♪　雨降り傘

P.23 6月 いろんなアジサイ咲いたね

●それぞれの園に合わせて、拡大率を調整してコピーをしてお使いください。詳しい型紙の使い方については、P.81～P.85をご覧ください。

P.24 6月 何時か教えて　フラワー時計

P.25 6月 みんなで歯みがき　シュッシュッシュ

●それぞれの園に合わせて、拡大率を調整してコピーをしてお使いください。詳しい型紙の使い方については、P.81～P.85をご覧ください。

P.26-27 7月 ゆうらり七夕流れ星

●それぞれの園に合わせて、拡大率を調整してコピーをしてお使いください。詳しい型紙の使い方については、P.81～P.85をご覧ください。

P.28 7月 グングン伸びてね　アサガオさん

※アサガオの鉢と支柱の2点はほかの壁紙に対して、1.5倍の拡大率にするとバランスの取れた割合になります。(例:ウサギが200%なら鉢と支柱は300%)

P.29 7月 おサカナさんと海底散歩はイカが?

P.30 7月 デザートはいかが？

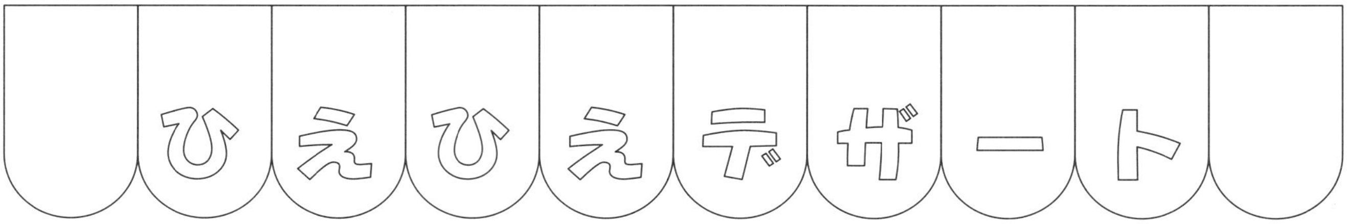

P.31 7月 いらっしゃい！　おめんだよ

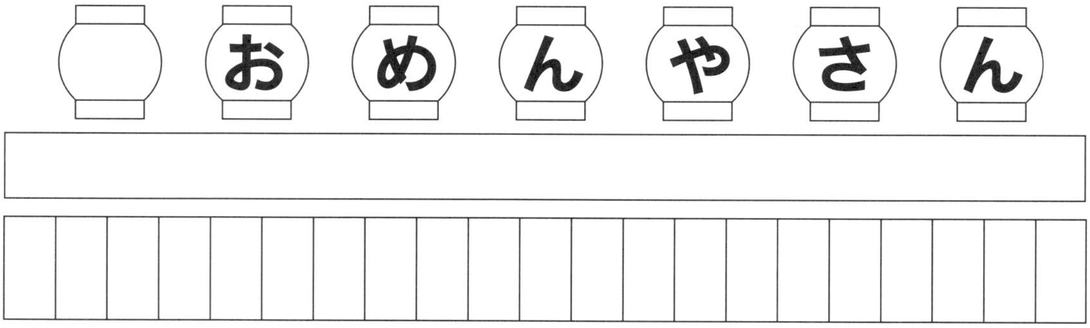

●それぞれの園に合わせて、拡大率を調整してコピーをしてお使いください。詳しい型紙の使い方については、P.81～P.85をご覧ください。

P.32 8月 花火がド〜ン！！

P.33 8月 好きな所にパッチン！　虫さん捕まえた！

※木・葉・草の３点はほかの壁紙に対して、３倍の拡大率にするとバランスの取れた割合になります。（例：男の子を200％に拡大した場合、木は600％にします。）

P.34 8月 波乗りドルフィン

●それぞれの園に合わせて、拡大率を調整してコピーをしてお使いください。詳しい型紙の使い方については、P.81〜P.85をご覧ください。

P.35 8月 にっこり！　太陽とヒマワリ

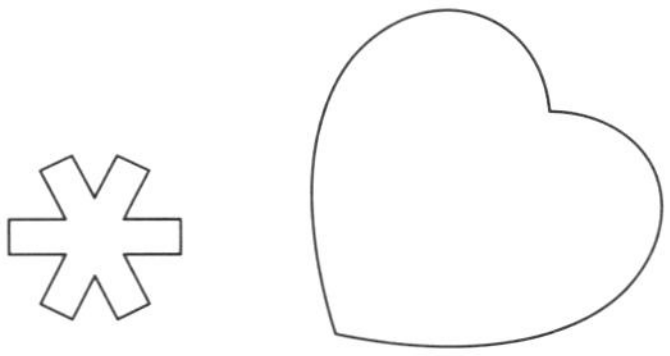

P.36-37 9月 おいしいね！　ブドウ狩り

P.38 9月 コスモス畑で大縄ジャンプ！

P.39 9月 夕焼け空と赤トンボ

※山はほかの壁紙に対して、2倍の拡大率にするとバランスの取れた割合になります。(例:男の子を200%に拡大した場合、木は400%にします。)

P.40 9月 スズムシ音楽隊

P.41 9月 おだんごからこんばんは

●それぞれの園に合わせて、拡大率を調整してコピーをしてお使いください。詳しい型紙の使い方については、P.81～P.85をご覧ください。

P.42-43 10月 イモ掘りつる引き大会

P.44 10月 キノコの森のダンスショー♪

●それぞれの園に合わせて、拡大率を調整してコピーをしてお使いください。詳しい型紙の使い方については、P.81～P.85をご覧ください。

P.45 10月 元気いっぱい運動会

●それぞれの園に合わせて、拡大率を調整してコピーをしてお使いください。詳しい型紙の使い方については、P.81～P.85をご覧ください。

P.46-47 11月 ブランコ♪　葉っぱミノムシ

P.48 11月 クリ・ドングリ合唱団♪

P.49 11月 モミジの下で大変身

●それぞれの園に合わせて、拡大率を調整してコピーをしてお使いください。詳しい型紙の使い方については、P.81～P.85をご覧ください。

P.50-51 12月 ソリで届けて　サンタさん

●それぞれの園に合わせて、拡大率を調整してコピーをしてお使いください。詳しい型紙の使い方については、P.81～P.85をご覧ください。

P.52-53 12月 リースいっぱいクリスマス

●それぞれの園に合わせて、拡大率を調整してコピーをしてお使いください。詳しい型紙の使い方については、P.81～P.85をご覧ください。

P.54 12月 こんなプレゼントがほしいな

P.55 12月 おいしいケーキを召し上がれ

●それぞれの園に合わせて、拡大率を調整してコピーをしてお使いください。詳しい型紙の使い方については、P.81～P.85をご覧ください。

P.56-57 1月 今年もいいことありますように!!

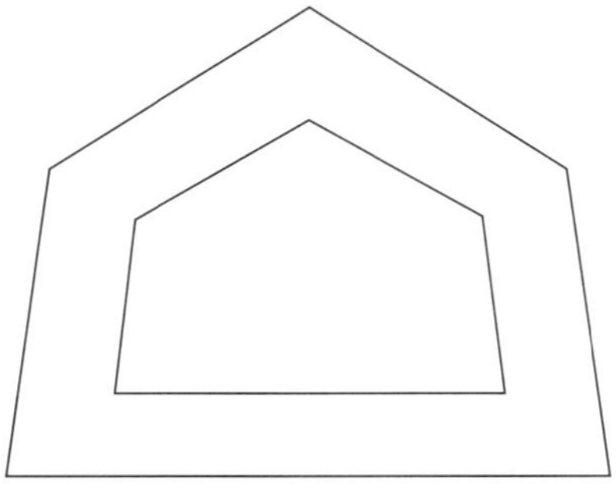

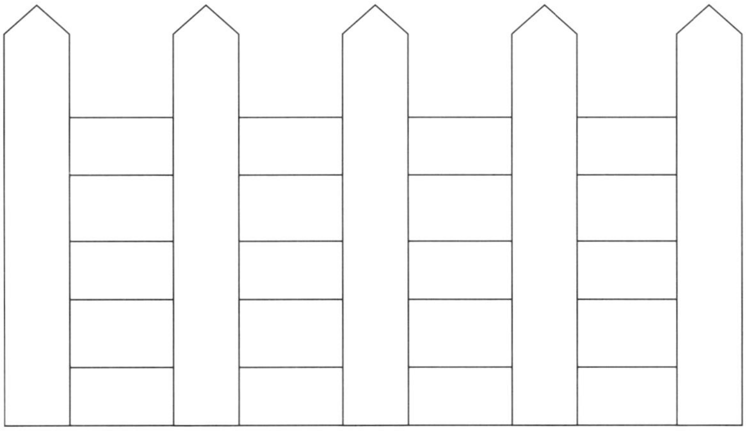

●それぞれの園に合わせて、拡大率を調整してコピーをしてお使いください。詳しい型紙の使い方については、P.81～P.85をご覧ください。

P.58 1月 たこたこ　天まで揚がれ～！

P.59 1月 ペッタン！　もちつき大会

●それぞれの園に合わせて、拡大率を調整してコピーをしてお使いください。詳しい型紙の使い方については、P.81～P.85をご覧ください。

P.60 2月 あっぷっぷ鬼

P.61 2月 鬼は外　福は内！

P.62 2月 元気いっぱい！　野菜シチュー

P.63 2月 キラキラキラキラ雪の結晶

P.64 2月 雪ウサギの白銀世界

P.65 2月 ポカポカおしゃれ手袋

●それぞれの園に合わせて、拡大率を調整してコピーをしてお使いください。詳しい型紙の使い方については、P.81～P.85をご覧ください。

P.66 3月 くるりん着物びな

P.67 3月 モモの木におひなさまを飾ろう!

●それぞれの園に合わせて、拡大率を調整してコピーをしてお使いください。詳しい型紙の使い方については、P.81～P.85をご覧ください。

P.68 3月 タンポポ ブランコ♪

●それぞれの園に合わせて、拡大率を調整してコピーをしてお使いください。詳しい型紙の使い方については、P.81～P.85をご覧ください。

P.69 3月 思い出観覧車

●それぞれの園に合わせて、拡大率を調整してコピーをしてお使いください。詳しい型紙の使い方については、P.81～P.85をご覧ください。

P.70-71 3月 プカプカ風船に乗って　卒園おめでとう！

●それぞれの園に合わせて、拡大率を調整してコピーをしてお使いください。詳しい型紙の使い方については、P.81～P.85をご覧ください。

P.72-73 誕生表 ケーキのおうちでケーキをぱくり！

●それぞれの園に合わせて、拡大率を調整してコピーをしてお使いください。詳しい型紙の使い方については、P.81～P.85をご覧ください。

P.74 誕生表 ニッコリ窓からおめでとう

●それぞれの園に合わせて、拡大率を調整してコピーをしてお使いください。詳しい型紙の使い方については、P.81～P.85をご覧ください。

P.75 誕生表 バースデーフラワーリース

※Bを裏返してB'として使ってください。

A ×2
B ×2 (B' ×2)
C ×2
おたんじょうび おめでとう
123456
789101112

P.76 誕生表 みんな大好き！　ラブリーフルーツ

●それぞれの園に合わせて、拡大率を調整してコピーをしてお使いください。詳しい型紙の使い方については、P.81～P.85をご覧ください。

P.77 誕生表 風船気球に乗って

1 2 3 4 5 6 7 8 9 10 11 12
おたんじょうび
おめでとう

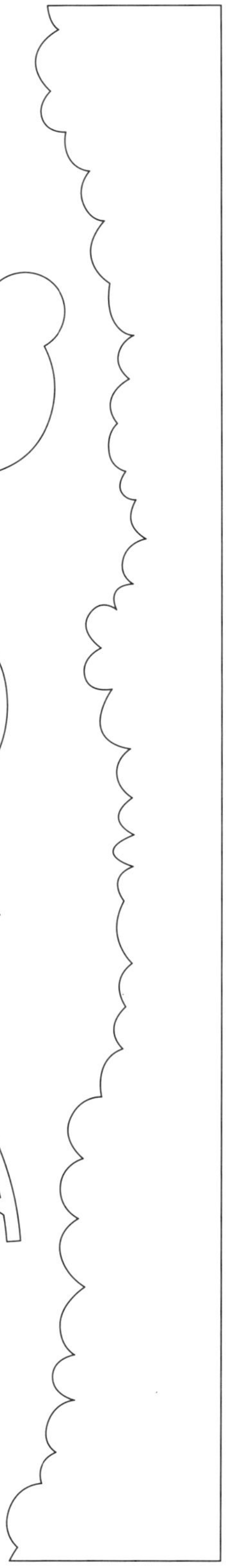

●それぞれの園に合わせて、拡大率を調整してコピーをしてお使いください。詳しい型紙の使い方については、P.81～P.85をご覧ください。

P.78 誕生表 季節列車で出発！

P.79 誕生表 飛び出せ！　キャンディーボックス

おたんじょうび
おめでとう
1 2 3 4 5 6 7 8 9 10 11 12

●それぞれの園に合わせて、拡大率を調整してコピーをしてお使いください。詳しい型紙の使い方については、P.81～P.85をご覧ください。

P.80 誕生表 バースデーロケット発射

おめでとう
おたんじょうび
おめでとう！
1 2 3 4 5 6 7 8 9 10 11 12

● それぞれの園に合わせて、拡大率を調整してコピーをしてお使いください。詳しい型紙の使い方については、P.81～P.85をご覧ください。

壁面製作・キャラクター

- 秋山理香
- 池田かえる
- イケダヒロコ
- うえはらかずよ
- 大橋文男
- 京田クリエーション
- くるみれな
- 後藤みき
- 田中なおこ
- 鳥生美幸
- 楢原美加子
- はらちえこ
- ピンクパール プランニング
- 藤江真紀子
- 藤沢しのぶ
- 降矢和子
- マメリツコ
- みさきゆい
- むかいえり
- 吉田朋子
- 吉村亜希子

※本書は、『月刊 保育とカリキュラム』2007年度～2010年度掲載の壁面のなかから厳選したものと、本書のために新たに製作した壁面を合わせて1冊にまとめました。

STAFF

本文イラスト
中小路ムツヨ・町塚かおり
吉村亜希子・くるみれな

型紙イラスト
坂川由美香（AD・CHIAKI）・秋山理香
イケダヒロコ・京田クリエーション
くるみれな・後藤みき・藤江真紀子
藤沢しのぶ・むかいえり

本文デザイン
瀬上奈緒（フレーズ）

アートディレクション
大薮胤美（フレーズ）

写真撮影
小野寺宏友・山田博三・佐久間秀樹

編集協力
株式会社 童夢

企画協力
十亀敏枝・池田かえる・保育教材研究会

企画編集
長田亜里沙・安藤憲志・藤濤芳恵・濱田時子

校正
堀田浩之

年齢別 子どもと作れるアイディア45点 使える！アレンジ43点
かわいい壁面 12か月

2011年2月　初版発行
2018年5月　16版発行

編著者　ひかりのくに編集部
発行人　岡本　功
発行所　ひかりのくに株式会社
〒543-0001
大阪市天王寺区上本町 3-2-14
郵便振替 00920-2-118855　TEL06-6768-1155

〒175-0082
東京都板橋区高島平 6-1-1
郵便振替 00150-0-30666　TEL03-3979-3112
ホームページアドレス
http://www.hikarinokuni.co.jp
印刷所　凸版印刷株式会社

Printed in Japan
ISBN 978-4-564-60779-0
NDC 376　128P　26×21㎝